岸本聡子

杉並は止まらない

地平社

はじめに

２０２４年9月の杉並区議会第3回定例会、私にとっては9回目の定例議会。保健福祉委員会では、これまで約2年をかけて取り組んできた、子どもの居場所づくりに関する基本方針の素案を報告することになっていた。同時に、１年間議論を重ねた審議会からの答申に基づいて作成した「(仮称)杉並区子どもの権利に関する条例」の骨子案も提示した。

「児童館守って、ゆうゆう館(高齢者施設)守ろう。商店街守って、街並み守ろう。明日の杉並、みんなでつくろう。選挙は続くよどこまでも」

２年前の２０２２年6月19日の杉並区長選挙。すべてを終えて翌日の開票を待つのみの夜、私は一人で「もし勝ったら、万歳三唱はやりたくないな」と漠然と思い、念のためつくっておこうと、そんなコールを考えていた。そして開票日の正午過ぎ、大接戦の結果、私は狭い選挙事務所のなかでみんなと一緒に、たくさんの笑顔と涙交じりでこのコールを唱えていた。

　それから2年。児童館を守り育てる道筋が見えてきた。

　かつて18歳までの子どもがいつでも自分の意思で来られる児童館が、杉並区内に41館あった。前区政時代に、児童館の中心的な機能である小学生の学童保育と放課後の遊び場を学校内に移し、41館を段階的に廃止する計画が打ち出されていた。地域社会と行政がともに長年育んできた子どもの居場所である児童館を守りたいというのが、区長選挙の一つの争点だった。

　児童館の廃止をめぐる問題は、老朽化した公共施設の改修、改築、統廃合などの、大きく複雑な区立施設再編整備計画の一部であり、進行している計画を即座に止めることはできず、私が就任してからも2つの児童館が廃止された。見直しのためにはこの大きな計画全体の修正が必要だった。その過程は本書に書かれている。

　この2年の間に、国ではこども基本法が策定され、加速する少子化への危機感が高まった。コロナ禍を経て不登校児が倍増し、学校でも家庭でもない子どもの第三の居場所（サードプレイス）としての児童館の社会的な再評価が高まるなか、区立施設再編整備計画の検証に着手した。事業者や利用者の意見を聞き、地域住民や利用者との粘り強い話し合いなどを重ねる仕事は膨大だった。

そのなかでいちばん力を入れたのは、当事者である子どもたち自身から居場所について意見や考えを聞いたり、一緒に話し合ったりすることだった。この取り組みは、「(仮称)子どもの権利に関する条例」制定の準備とともに進んだ。子どもの権利を理解するうえで大切な、子どもの意見表明権。本質的に「子どもの意見を聞く」とはどういうことなのか。子どもの権利の議論と、子どもの居場所の議論は、シンクロしながら、何よりも子どもを真ん中に、試行錯誤が重ねられた。

子どもの居場所づくり基本方針では、子ども自身が選択可能な多様な居場所をつくっていくこと、子どもの視点に立って子どもの声を反映して取り組みを進めることを大きな理念とした。そして今ある25の児童館のすべてを残し、機能と役割を強化すること、今後、児童館がない7地域で新たな児童館の整備を検討することを示すことができた。

物事はこういうふうに少しずつ変えていけるんだ、自治体の政策はこうやってつくることができるんだと、私はこの2年間を思い返している。子どもの意見を聞く取り組みは、子ども分野を超えて、公園、まちづくり、いじめ対策、多文化共生などさまざまな分野に広がった。自治体が行なうさまざまな仕事を子どもの目線から見たらどうなるだろうかと、一拍おいて考える想像力が、職員の間で共有される様子を見てきた。

今までに決まってきたことには、そのときの論拠や正当性があり、それを一気に変えることはできない。それでも、社会の変化や声を受けとめ、今までの成果や課題を検証し、やり方を変えたり修正を加えることはできる。

地方自治の現場で政策をつくるのは、壮大な協働作業だ。その過程で、区役所や議会だけでなく地域社会の多くの人が関わることで、方針や条例や計画の言葉が編まれ、いのちが吹き込まれていく。地方自治体の仕事は、住民と職員が元気になり成長し合えるものでなければいけないし、そうしたプロセスを創っていける。

区長就任後の2年間でできたことは限られているし、それをつぶさに伝えることが本書の目的ではない。何もかも始まったばかりだし、本質的な変化が必要だとすれば時間もかかる。4年間の任期の途中で本書を書くことには躊躇もあったし、勇気もいった。それでも、行政経験も政治経験もない女性区長が誕生して、その後の区議会議員選挙で女性が約半数となるパリテ議会となった杉並区は、確実に「新しい政治の景色」をつくっている。そのリアルな日常と奮闘を社会に伝えたいという気持ちが勝り、筆を進めた。

これは私の物語ではなく、私たちの物語だ。杉並が特別なのではなく、どこにでもある、もしくはありうる挑戦である。個人が個として人権や尊厳を守られて幸せを追求することも、民主主義と社会正義を希求することも、長い歴史のなかでたくさんの人が挑み、傷つきながら、あきらめずに声をあげつづけたから今があり、私たちはその延長線上にいる。その努力に終わりはなく、たとえ今変わらなくても、10年後や100年後に生きる人たちにつながっている。

杉並で市民的行動や自治を実践してきた名もなき生活者の蓄積に、生きにくさを声にしていいんだという個人の小さな勇気がたくさん合わさって、集合的（コレクティブ）な力が生まれた。私は今もっているすべての能力を使って、私が背負った責任を果たしていきたい。それが私らしい幸せの追求の仕方。

杉並での現在進行形の挑戦が、一人でも多くの人に、一つでも多くの地域に、勇気を共有できることを願っている。

杉並は止まらない――目次

1

3年目に入った「対話の区政」

2024年7月、岸本区政2周年イベントにて、さまざまな立場や意見の参加者同士が対話を行ない、解決のためのアイディアを出し合った。

私が区長に就任したのは２０２２年7月。この夏に、4年ある任期の折り返し地点を駆け抜けたところだ。次々に難題に直面する日々だが、岸本区政が実現しようとしている「対話の区政」の本質とは何か、めざすべき目標は何か、何度もそこに立ち返り、多くの人たちと共有して具体策に結びつけていかなければいけない。

この2年で、区民との約束をどこまで実現できただろうか。区長選挙の公約「さとこビジョン」[*1]に掲げた政策は、以下の柱からなっている。

基本姿勢・主要施策

1　子どもの視点で、子どもの育ちを支えます
2　誰もが暮らしやすい地域をめざします
3　「対話」を大切にしたまちづくりを
4　豊かな環境と平和を守り、文化を育てます

5　区民のいのち・くらしを大切に
6　透明性のある区政をつくります

２０２４年度の予算にも、防災・減災対策の加速化や、学校給食費の無償化拡大、さらにゼロカーボンシティに向けた取り組みや参加型予算の実施など、岸本区政の政策を前に進める内容が盛り込まれた。公共を支える公務労働に関しても、ケアを担う職員・機関への支援強化や、会計年度任用職員（有期契約の非正規公務員）の給与引き上げなどを予算に反映させることができた。これで十分とは全く考えていないが、庁舎内外のたくさんの人たちと力を合わせて、確実に前進したという手ごたえはある。

予算成立後、その内容を区民に直接伝えようと、区内各所をまわって報告会を行なってきた。どの地域もたくさんの人たちが熱心に話を聞き、応答してくれる。生活者の立場からの、本質をとらえた質問も多く、私も真剣に答えている。

＊1　岸本聡子公式ウェブサイト　https://www.kishimotosatoko.net/policy

区政の課題は多岐にわたるが、ひとまずこの予算のいくつかのポイントを見ることで、岸本区政の現在地の一端にふれていただくことにしよう。

防災・減災につながるコミュニティ

防災・減災対策については、建物の耐震化・不燃化や、生理用品を含む備蓄品の充実、狭あい道路の拡幅整備など、さまざまな面で対策を強化した。能登半島の震災が1月1日に起こり、多くの方が亡くなった。長期にわたる避難生活を余儀なくされている方も多い。被災者をみんなで助けていくとともに、全国の各自治体も自らの防災・減災対策を加速することとなり、杉並区もそのように対処した。

防災・減災対策には、ハード面の備えだけでなく、ソフト面でのさまざまな対策が必要だ。地域に人と人とのつながりが日常的にあること、防災を含む地域課題を自分ごととして考える住民たちがいること。行政が正確な情報を発信し、透明性と信頼性を備えていることも大切だ。防災・減災対策の予算に表れる施策だけでなく、「対話の区政」を進める

杉並区 2024 年度一般会計予算のポイント

一般会計当初予算額　2228 億 9200 万円		
防災・減災への取組強化	建物の耐震化・不燃化、狭あい道路の拡幅整備と突出した電柱移設、備蓄品の充実など	26 億 2168 万円
学校給食の無償化	区立小・中・特別支援学校の約 2 万 9500 人を対象	18 億 9321 万円
	国立・私立等の小中学生（約 6500 人）を対象に給食費相当額の給付金を支給	4 億 8384 万円
気候変動対策の推進	「グリーンインフラ」などによる雨水流出抑制対策	9516 万円
ゼロカーボンシティの実現	本庁舎での調達電力を 100% 再生可能エネルギーに	1 億 623 万円
	気候区民会議の開催（全 6 回、無作為抽出した区民から参加希望者を募り約 80 名を選出）	1335 万円
参加型予算	2023 年度に区民が投票した森林環境贈与税の使途を実施（2024 年度は「防災分野」をテーマに実施）	2663 万円
学校現場の人員体制の充実	スクールカウンセラーの拡充やスクールソーシャルワーカーの配置方法の見直しなど	1 億 1651 万円
子どもの権利擁護の推進	「（仮称）子どもの権利に関する条例」の制定など	506 万円
区立児童相談所設置	児童相談所設置の他、子どもの命と安全を守る児童相談体制の構築を進める	9 億 8230 万円
多文化共生の推進	在住外国人支援事業の充実、多文化共生基本方針の策定など	1178 万円
労働者の処遇改善	ケアを担う人や機関への支援を強化 ● 公契約条例労働報酬下限額の引き上げ：下限額 1138 円→ 1231 円（+8.17%） ● 会計年度任用職員給与の見直し：報酬額の上限等の見直し、勤勉手当の支給（特別共通）など	

取り組み全体が、災害に強いコミュニティづくりにつながっている。

子どもの意見を受けとめる

学校給食費の無償化は、すでに前年度の予算で、区立の小・中・特別支援学校について実現していた。今回はそれを国立・私立にも広げることで、区内すべての小中学校の給食費を無償とすることができた。

子ども政策は大きく進んでいる。国が「こどもまんなか社会」と言いはじめたことはもちろん大きいが、もともと杉並区は区長選挙のときから児童館が大きな争点の一つであり、子どもの居場所を考えることが、国に先んじて始まっていた。

区役所では、子どもの権利に関する条例の制定に向けた本気の模索も進んでいる。審議会で議論がなされ、職員たちは審議会の委員から多くの助言を受けて、子どもの意見表明権の意義を理解し、子どもたちと一緒に、子どもたちの意見を聞きながら条例をつくっていこうとしている。子ども家庭部の職員が学校に出て行って、子どもたちの意見を聞く。

杉並区子どもの居場所づくり基本方針の策定にあたっては、子どもたちの意見を数多く聞く場を設けた

ただ聞くだけでなく、それを審議会の議論や子どもの居場所づくりの方針[＊2]に生かしていくという、初めての取り組みにチャレンジしている。

　職員たちからこれらの報告を受けたり、私自身も子どもワークショップに出たりすると、目標を共有しているチームの強さは本当にすごいと感じる。杉並区は児童相談所の開設に向けて準備を進めているところで、これは120人体制の大きなプロジェクトだ。5章で見るように、この児童相談所の新設のた

＊2　「『杉並区子どもの居場所づくり基本方針（素案）』について」
https://www.city.suginami.tokyo.jp/_res/projects/default_project/_page_/001/092/487/060919siryo07.pdf

めに阿佐谷南児童館がなくなるという苦しい選択を余儀なくされたが、子どもの命を守るため、児童相談所の準備と子どもの居場所づくりが二人三脚で進んでいる。そのなかで、「子どもイブニングステイ」のような新しい事業も生まれた。家にいづらい中高生のために、学校が終わってから21時ぐらいまでの居場所をつくるものだ。

参加型民主主義の仕組みをつくる

自治体がゼロカーボンシティ、すなわち二酸化炭素など温室効果ガスの実質排出ゼロの都市を実現することは、生半可な努力ではできない。温室効果ガスの排出を劇的に減らすことは、石油・石炭などの化石燃料を燃やさないという文明的な挑戦だ。これは自治体にとって、前向きな未来をつくっていくチャレンジだと私は思っている。新しい地域経済、地域社会のあり方を、自治体が住民とともにつくっていくことにほかならないからだ。

これをしっかりみんなで進めていくために、気候区民会議が２０２４年3月に始まった。行政はいろいろな計画を立てる際、「できることをやる」という枠組みにとどまりがちだ。そうではなく、「これをやらなきゃいけないんだ」という区民の議論に基づく提案から、政策を考え、反映させていこうとしている。

気候変動の危機を専門家に学ぶ総論から始まり、その後の学習と議論は、エネルギー、循環型社会、交通、みどり分野へと進んだ。参加者の多様な考えや提案をまとめあげていくために、会議運営には十分な時間とさまざまな工夫がこらされた。私は最終回で提案書[*3]を受け取ったが、発表のなかで半年の共同作業を経た参加者間の信頼関係が伝わってきたし、豊かな表現力が存分に発揮された。

気候市民会議は世界では少なくとも２００以上の地域で、日本では14カ所ですでに行なわれているが、他の地域の経験をふまえて杉並がどこまで行けるか、期待が高まっている。区民が一生懸命に学習して、話し合ってつくったものを、どのように政策に生かすのか、その手法が問われている。

＊3　「杉並区気候区民会議　ゼロカーボンシティ杉並の実現に向けた意見提案」
https://www.city.suginami.tokyo.jp/_res/projects/default_project/_page_/001/096/539/ikenteian.pdf

参加型民主主義の仕組みとしては、前年度に続き2回目の区民参加型予算も盛り込んだ。区民が予算の使い道を提案し、そのなかから区民が投票で選び、それを予算案に反映するのが参加型予算だ。まだまだ小さな取り組みとはいえ、大きな可能性があると思っている。

今回は「防災×《かける》○○《まるまる》」というテーマに即してプロジェクトを募集することとなった。○○の部分は提案者自身に考えてもらう。上限2000万円のプロジェクトを区民が提案し、区民の投票で3つを選ぶ。前回の投票数は区の人口の0・5％ほどだったが、今回は区民の1％に投票してもらいたいというのが、私の個人的な目標だ。

公共を支える人々を支える

「公共の再生」は私にとって大事なキーワードだ。新型コロナウイルスの世界的なパンデミックのなかで、公共の役割が問い直された。エッセンシャルワーカーたちが社会から見えなくされている。本当に必要不可欠な仕事をしている人たちに、十分な賃金が支払われない社会になっている。それは保育士、介護士、保健師、学校の教員など、ケアにたずささわる人たちのことだと私は考えている。

世界で40年も続いてきた新自由主義のなかで、政府の役割は小さいほどいいとされ、自治体は職員を減らし、多くの公共サービスを民間に委託してきた。そういう方向性に対して、それぞれの自治体が意識的に再考しようというのが、私の掲げる「公共の再生」だ。何もかも行政がやればいいという話ではなく、公の役割とは何かを考え、住民と一緒に行なっていくこと。行政や議会だけが公共すなわちパブリックなのではなく、公益を追求する市民社会も含めてパブリックなのだ。そうした公共政策をつくっていける自治体を、今の時代にしっかり考えていかなければならない。

今回の予算では、公契約条例の労働報酬下限額の引き上げを盛り込むことができた。行政の仕事を民間事業者に、委託や指定管理などの形で担ってもらう際の、報酬の下限額、つまり区における最低賃金のようなものだ。２０２４年度は時間単価１１３８円から１２３１円に引き上げた。前年度比8・17％の引き上げだ。スポーツ施設や図書館といった指定管理施設で働く人の7割以上が非正規労働者であり、その多くが区内の女性だから、報酬額の引き上げは、公共サービスの提供に関わる多くの女性の処遇改善につながる。

さらに、杉並区の職員の41％を占める会計年度任用職員の報酬額も引き上げることができた。１１００人ほどが対象となる。保育や学童クラブ、児童館の職員など、まさにケアワークにたずさわる人たちの生活を支える賃金だ。

非正規公務員である会計年度任用職員の85％が女性だ。３章で見るように、会計年度任用職員に勤勉手当を支給することで、平均で年間約50万円、給料が上がることとなった。

必要な職員数をしっかり充てる

杉並区の職員全体としても、職員数の上限を３５５０人から３７００人に引き上げた。たった１５０人と思われるかもしれないが、これは大きなことだ。これまで全国の自治体では、職員がどんどん減らされてきた。１９９０年代半ば以降、地方行政改革の名のもとに、20年間で55万人も自治体正規職員が削減された。

杉並区では、２００４年に４２５９人だった職員数が、２０２３年には３５５２人と、７０７人減っている。さらに驚くべきことに、この間、一般会計歳出決算額は約

１４００億円から約２３００億円（２０２３年度見込み）へと、約１・６倍になっている。大雑把に言えば、職員は減ったのに、仕事量は１・６倍になっているのだ。

もちろん、職員が多ければいいというわけではないから、区の規模や仕事量に合わせて職員の定数を的確に決めていく作業が求められる。どういう仕事をするから必要なのか、計画として示していかないといけない。職員の給料は税金でまかなわれ、定年まで働くことを想定すれば基本的には生涯保証されるから、職員定数はきわめて慎重に決めなければいけない。それでも、杉並区は１２０人体制で児童相談所を開設することもあり、職員を増やすことは必須だ。今回は保健所の体制も強化する。

さらに、職員の育休代替に常勤職員を充てる方針も立てた。これまでは、育休を取る職員の代替に、会計年度任用職員を充てていた。しかし課長や係長など、責任をもっている人の代替に、補助的な業務を担うとされる会計年度任用職員を充てるのはおかしなことだ。結局、育休を取った職員の仕事が他の職員の負担になるし、結果として育休を取りにくい職場になってしまう。出産や子育てといった人生のステージに合わせた働き方やワークライフバランスを実現するためには、職場に少しの余白が必要だ。

ケアする人をケアする

すべての人は、生まれる前からケアされ、人生を通じて人のケアをして、またケアされて、人生を閉じる。ケアから無関係の人は誰もいない。

少子高齢化が加速的に進行するなか、高齢者が一人暮らしでも元気に安心して地域のなかで生きられる共生社会を実現することは、地方自治体の大きな役目の一つだ。それを文字通り支えているのが、介護などを行なうケアワーカーであり、この人たちもまた支えられる必要がある。杉並区は「ケアする人をケアする」という視点を大切にしながら、介護サービス基盤の充実に取り組んでいく。

たとえば、高齢者の総合的なケアを行なう地域包括支援センター（ケア24）は区内に20カ所あり、社会福祉法人や社会医療法人、株式会社など民間の事業者が区の委託を受けて運営している。その委託料を今回、約25%引き上げた。主に人件費に充当されるものだ。

高齢者をめぐる課題が複雑化するなかで、ケア24の業務は増大の一途をたどっている。

にもかかわらず、委託費は据え置きが続いていた。ケアマネジャーの負担や責任は膨大なのに、賃金は抑えられ、離職や担い手不足、高齢化が全国的な課題となっている。ケアする人の仕事を正当に評価して、公正な賃金を支払う社会になっていないからだ。

杉並区では、主任ケアマネジャーの養成研修受講料を全額助成し、更新時研修の受講料を半額助成することで、介護事業所の運営体制を支援していく。

「ケアする人をケアする」とはどういうことか、一つひとつ具体的な予算をつけながら、議会でも地域社会でも議論していきたい。

住民参加でグリーンインフラを創出する

5章で見るように、東京都の行なう事業として、杉並区内を流れる善福寺川上流の治水事業が始まっている。大雨のときに川があふれてしまう水害に対処するため、道路の下に巨大な地下調節池をつくるもので、地上の緑地や公園にもインフラ工事が及ぶ。水害対策は急務であり、長年にわたり杉並区が東京都にお願いしてきた経緯のある事業だが、多くの地域住民にとっては寝耳に水で、地域社会への影響が大きい事業だ。区として東京都に情報を求めるとともに、情報発信や地域住民との議論を進めている。

それと同時に、区民と一緒に進めるグリーンインフラの取り組みに予算をつけることができた。雨水や下水がなるべく善福寺川に入らないように、下水の量を減らしたり、雨水を地面にゆっくり浸透させていく取り組みを、区民と一緒に検証しながら進めていく。巨大なインフラさえあれば安心というものではなく、自分たちの住む地域の治水にきちんと関わっていきたいと、区民が声をあげてくれたからこそ、この予算を示せたと考えている。

ここからは、区長に就任した直後に時間を巻き戻して、一人で区役所に飛び込み格闘してきたこれまでの道のりを見ていこう。

2

手探りのスタート

2022年7月11日、初登庁の朝。区役所前で多くの住民が出迎えてくれた。

自転車は私にとって、いちばん大切な乗り物だ。クルマの免許を持っていない、そもそも取りたいと思ったことがないのは、大学を卒業してからとことんお金がなかったからでもあるが、その後オランダのアムステルダムで生活するなかで、自家用車を持ちにくいまち、持たなくても快適なまちをじっくり生きてきたことが大きい。積極的な選択肢として、クルマも免許も持っていないのだ。オランダは自転車大国として知られているが、坂がなく、自転車道路も整備されている。自転車のルールは徹底しており、子どもたちにもしっかり身についている。オランダを離れてからも一貫して、自転車で生活できることを自分の生活設計の基本にしてきた。

だから、区役所に自転車で通勤するのは、私にとって自然で合理的な選択だ。区長専用の公用車は廃止すると、選挙公約にも掲げていた。選挙活動中は、支援者の一人に借りた自転車を使っていた。選挙の2カ月前に杉並に引っ越してきて、まず住民登録をして、それからその自転車の整備のために、うちからいちばん近い自転車屋さんに行った。私の政治活動のチラシを渡した最初の相手が、ここの店主だ。彼は三鷹市在住だが、仕事場である杉並で区長選挙があることは知っていて、会話が弾んだ。大の自転車好きの店主に、「杉並を23区でいちばん自転車の乗りやすい区にしたい」と話し、それが後の公約の一つになった。

後日店主が、投票日は眠れなかった、当選を知ったときはパートナーと一緒に涙を流したと言ってくれて、私はとてもびっくりした。その間、彼は私の本を読んで、共感して応援してくれた一人だったのだ。その店で、人生で初めて買った電動自転車は、今も大活躍している。

初めての登庁

２０２２年7月11日の初登庁の朝、大の方向音痴の私は、自宅から青梅街道に迷わず出られる自信がなかった。選挙の応援のために大阪から杉並に引っ越してきた、頼りになる友人の一人が、一緒に自転車で行ったるよと電話をくれて、本当に心強かった。

無事に青梅街道に出て、２キロも走ると区役所だ。南阿佐ヶ谷の交差点を渡ると、区役所の前に１００人以上と思われる支援者たちが待っていたのにはびっくりした。みんなで出迎えるからね、と聞いてはいたが、こんなにたくさんの人が手を振って、初登庁を迎えてくれるなんて。

私の前を自転車で走っていた友人は、直前でさりげなくフェードアウトして、私は堂々と一人で到着した形になった。職員の数人がすぐに自転車を引き取ってくれた。自転車での登庁も、大勢の区民の整理も異例のことで、職員は周到な準備をしてくれたのだと思うが、そのときには思いをはせる余裕もなかった。

支援者がひまわりを一輪、花瓶に入れて渡してくれた。それをお守りのようにして区役所に入ると、今度はたくさんの職員が迎えてくれた。私はこの日、ライトグレーのスーツに黄色のトップスを選んだ。このスーツはなんと、25年ほど前の大学生のときに買ったものので、夏のスーツはこれ一着しか持っていなかったのだ。そのあと初めて執務室に入ったが、どんなふうに仕事を始めたのか、あまり記憶がない。全く知らない環境と人々に囲まれて、相当緊張していたのだと思う。

それから数日して幹部職員から、自転車での通勤は危険なので考え直してもらえませんか？　とやんわり言われた。区長に届く手紙のなかにも、同様の指摘があった。でも私は、「自転車に乗るのが危ないから自転車に乗らないのではなく、自転車に乗るのが安全なまちにしなくてはいけない」という思いを新たにした。私の自転車運転技術は鍛えぬかれているし、交通ルール１００％遵守の安全運転なので、自転車通勤を続けさせてほしいとお願いした。

みんなを心配させないためにもヘルメットをかぶることにした。また自転車屋さんに行って、奮発してかっこいいヘルメットを購入した。その後も行くたびに、自転車の整備を無料でしてくれる。量販店とは違って、自転車を愛して知り尽くしたまちの自転車屋さんは、自転車を売るだけでなく、その後のメンテナンスを持ち主と一緒にずっとしてくれる。商店街のなかに自転車屋さんがある杉並をみんな愛しているし、私も守りたい。

ちなみに私は、杉並に引っ越してきたときからずっと同じアパートに住んでいる。「何も心配しなくていいからね」といって支援者の一人が見つけてくれたアパート。目と鼻の先に銭湯とコインランドリーがあって、一目で「ここだ！」と思った。当選するまでは洗濯機もなかったから、銭湯にもコインランドリーにもお世話になった。同じアパートの少し広い部屋が空いたので、当選後に移った。

銭湯がありつづけられるまち、そういう杉並を多くの人が愛している。銭湯を守ることは、斜陽産業を支える消極的な政策ではない。歩いていけるところに銭湯や自転車屋さんがあるまちを、杉並の50年後、100年後の構想として守りたい、つくりたいと思うのだ。

最初の難関

就任直後から、さっそく大きなチャレンジが始まった。4日後の7月15日に都市計画審議会が控えていて、そこで杉並区まちづくり基本方針（杉並区都市計画マスタープラン）の骨子案が報告されることになっていた。都市計画審議会に区長が出席することは通常ないが、冒頭に出席させてほしいとお願いした。そこで訴えたのは次のようなことだった。

杉並区は2021年にゼロカーボンシティ宣言を出しており、2050年までにカーボンニュートラル（温室効果ガスの排出量を実質ゼロにすること）をめざしている。そのためには、まちづくりのあり方が重要であり、この都市計画マスタープランもゼロカーボンという大きな目標から出発するものにしたい。まちづくりの一部としてゼロカーボンを位置づけるのではなく、ゼロカーボンを出発点に据えた、２０５０年へのロードマップであるべきだと私は考える。パリ協定で日本も含めて国際社会が合意した、世界の平均気温上昇を産業革命以前に比べて１・５℃に抑える努力をするという責任と大きな挑戦のために、審議会のみなさんの力を貸していただけないか——。結果として、マスタープランの策定スケジュールを少し延期してもらい、その間に検討を加えることとなった。

あえてゼロカーボンという大きな課題を取り上げたのは、今は道路などの個別の問題で議論をするときではない、という直観的な判断からだった。ただそれ以上に、今の時代に都市計画を定めるにあたって、どうして気候変動問題が中心に位置づけられていないのか、根源的に疑問に思ったからだ。

ゼロカーボンの視点から修正された骨子案を公表し、パブリックコメントを募ったところ、５００以上の意見が寄せられた。意見が多かったのはやはり都市計画道路だ。もちろん計画反対の意見だけでなく、道路整備を計画通りに進めてほしいという意見もある。

都市計画道路は選挙でも争点の一つだった。現在の事業化計画で優先整備路線とされている区施行路線4つのうち、2つは事業着手している。当時の私には、組織のなかで何をどのように変えられるか、その術を知る由もない。そんななか、事業着手していない都市計画道路は、まだこれからの検討なのでこのたびのマスタープランから外しましょうと、できる範囲の最大限を考えて知恵を絞ったのは職員たちだった。

マスタープランは道路だけでなく、まちづくりの包括的な計画なので、他にも多様な意見が寄せられた。区民はまちづくりや都市計画について考えたいし、意見を言いたいし、反対ばかりでなく建設的な意見をもっている存在だということが、パブコメからわかる。届いた意見を全部公表し、返答したうえで、できるところはマスタープランを修正し、どこを変えたかも含めて公表した。

そのような過程を経て、都市計画マスタープランは翌年3月に都市計画審議会に諮られた。審議会の委員は、学識経験者、区民、区議会議員、関係行政機関の代表者で構成されている。議論の末、賛成9名、反対7名のわずか2票差で可決。文字通り最初の難関だった。

恐る恐る役所の世界へ

話を就任直後に戻そう。すぐに始まったのが、各部局のレクチャーだ。部課長が揃って数時間、これまでの行政計画の体系や、現状と課題について説明してくれる。それが毎日6時間、1週間続いた。なかなか過酷な勉強だが、少し様子がわかってからは、自分の選挙公約ではふれられていなかった課題についても、質問したり議論する余裕もできた。

行政職員には独特のプロフェッショナル意識があることも感じ取れた。一方では、選挙で選ばれた首長の補助機関として、公約の実現を支えるのが自分の仕事、という職業倫理がある。他方では、たとえ首長の公約でも、これまで意思決定を積み重ねてきた政策に基づく行政計画を、根拠なくひっくり返すわけにはいかない。行政の手続きや連続性に忠実であることも、職員の規範の重要な一面だ。

私の選挙公約「さとこビジョン」は、私が就任する前から区役所のなかで各部署あげて分析され、A＝「令和4（2022）年度中または5年度当初から実現できるもの」、B＝「期間を区切ってこれまでの取組の検証等を行い、今後の方針を決定すべきもの」、C＝「令和6年度以降を見据え、時間をかけて検討を行うべきもの」、D＝「すでに実施しているもの」、の4つに仕分けされた。その説明資料は杉並区のウェブサイトで公開されている[*1]が、公開を提案したのも職員だ。区民に対する私の約束は軽んじられていない。その実現に向けて職員も具体的に動き出していることを、しっかり感じることができた。

「対話」の模索が始まる

レクチャーが終わると、さっそく公約に掲げた大仕事に直面することになる。前区政が進めてきた区立施設再編整備計画への対応だ。

杉並区では1960〜70年代頃から、区内の小学校46地区を単位として小中学校や児童館、高齢者施設などの区立施設が整備されていった。その多くが築50〜60年を経て老朽化し、建て替えの時期を迎えている。人口減少、少子高齢化が進行するなかで、生活様式の変化にともない行政ニーズも変化している。現在ある施設をそのまま建て替えるのは、財政負担の面からも区民ニーズの面からも持続可能でないとの認識で、「公共施設のマネジメント」という考えが導入される。施設の複合化、廃止や縮小をともなう区立施設再編整備計画が２０１４年に策定され、実行されてきた。国が自治体に求めてきた流れでもある。

これはとても大規模で綿密な計画であり、その対象には学校、児童館、高齢者施設のゆうゆう館だけでなく、集会施設や図書館、スポーツ施設なども含まれている。保育園や図書館といった施設の中断や仮設を避けるために、順繰りの移転、複合化、機能移転などがパズルのように関連し合う、複雑な再編計画だ。

たとえば、児童館は0歳から18歳までの子どもたちを包摂する児童福祉施設だが、今後は学童クラブと乳幼児への支援のニーズが大きいなどの理由から、児童館は廃止して乳幼児親子の専用施設として子ども・子育てプラザを整備する。学童クラブと小学生の放課後

＊１　「区長公約『さとこビジョン』取り組み状況（令和4年7月末現在）」https://www.city.suginami.tokyo.jp/greetings/vision/index.html

の居場所としての機能は、学校に移していくとされた。

ゆうゆう館は60歳以上の高齢者福祉施設で、多くの高齢者が交流やレクリエーションの場として利用しているが、時間帯によって利用にばらつきがあり、施設の老朽化に加えて利用者の固定化なども課題であった。そのため、ゆうゆう館は廃止して、コミュニティふらっとという多世代向けの新たな施設を整備する。

放課後の居場所については機能移転とともに、これまで区職員が担っていた仕事が民間に委託される。施設の複合化が進めば、今まで地域のＮＰＯ団体などが担っていたゆうゆう館運営の委託などが大手企業に移行する可能性もある。施設再編の目的には、高齢化、人口減少で税収が減少していく社会を見すえて、財政負担の軽減が含まれている。

行政の視点から見れば効率をめざした機能移転でも、子どもや住民にとっては、身近に親しんできた児童館やゆうゆう館がなくなってしまうということだ。施設は新設で綺麗になる。でも、住民と職員が一緒に育んできた児童館、乳幼児から高校生まで多様な子どもを受け入れてきた児童館を廃止することで、多くのものが失われるのではないか。自分たちの知らないところで一方的につくりあげられた計画、という思いを強く抱いた住民もいた。児童館やゆうゆう館の廃止に対する怒りと悲しみは、私の選挙運動を支えてくれた住民たちの大きな原動力だった。

児童館とゆうゆう館の廃止をストップするという私の選挙公約に従って、職員が計画を見直して、再編をいったん休止できるところとできないところの線引きをした。3つの児童館と4つのゆうゆう館については止められるが、下高井戸児童館、阿佐谷南児童館、ゆうゆう天沼館、ゆうゆう方南館は廃止せざるをえないという線引きだった。この線引きが正しいのか、深く悩む時期が続くことになる。

現場の視察も始まった。8月の暑い時期に1週間ほどかけて、ゆうゆう館の職員や利用者たちに会い、児童館、保育園、小中学校、区民集会所、図書館などにも足を運んだ。

その後1か月ほど議論を重ねた結果、職員が示した線引きについては、受け入れざるをえないと判断した。多くの公共施設は、建て替えの期間中もサービスを停止するわけにはいかないので、仮設をつくるか近くの代替地に移動して建て替えをする。そのため、一つの計画が他の施設の計画とも絡まっており、計画を止めると他にさまざまな支障をきたすことになる。加えて、逼迫する学童保育の受け皿を早急につくらなくてはいけない、阿佐谷南児童館については区立児童相談所をその場所に設置する大きな計画を止めるわけにはいかないなどの事情もあった。就任して2カ月ほどしか経っていないのに、大きな判断をしなければいけなかった。

それから、区内7地域のすべてで施設再編について、あらためて住民説明会を行なった。私は職員とともにすべての説明会に参加して、住民と話し合った。当然ながら、計画を進めなくてはいけない地域では、特に児童館やゆうゆう館の廃止に対して反対意見がたくさん出たし、「廃止しないで」という署名も多く集められた。

最終的には、私の手で児童館廃止条例案を提出せざるをえなかった。このプロセスは大きな痛みをともなったが、同時に生まれてきたのは、児童館が育んできたものを再評価し、子どもたちの居場所はどうあるべきかという具体的な議論を始めよう、杉並区の子どもの居場所の基本方針を策定しよう、という新しい機運だ。児童館廃止という大きな方針を一夜で変えることはできないが、機能移転ができているか、今までの検証を行ない取り組みを見直すなかで、新たな方針をつくる。住民のなかにもいろいろな意見があり、絶対的な正解がないなかで、ものごとを変えていくためには、みなが納得するプロセスが必要だ。

児童青少年課の職員は1年かけてそれに取り組み、子どもたちを巻き込んで、住民と職員との話し合いが各地で行なわれている。

3つの区民施設を1つに統合する天沼地域では特に反対が強く、複数回の説明会を経て、新しい施設をつくる前に住民協議会を設置することが決まった。新しい区長が誕生しても白紙にしたり変更したりできないのかと、失望の声もたくさんあった。しかし、住民の懸念にできるだけ寄り添う対話が生まれ、全部を変えられなくてもどう修正できるか、職員は住民との新たな向き合い方を模索しはじめた。この公共施設再編問題がたどった経過については、5章であらためて報告したい。

初めて区議会の議場に立つ

2022年9月12日から10月19日にかけての区議会定例会は、区長に就任して初めて臨んだ区議会だ。初日の所信表明*2では、今後4年間の区政運営に対する私の信念を述べた。杉並区民57万人の命と暮らしを守るという大きな使命と責任を自覚し、常に区民のための

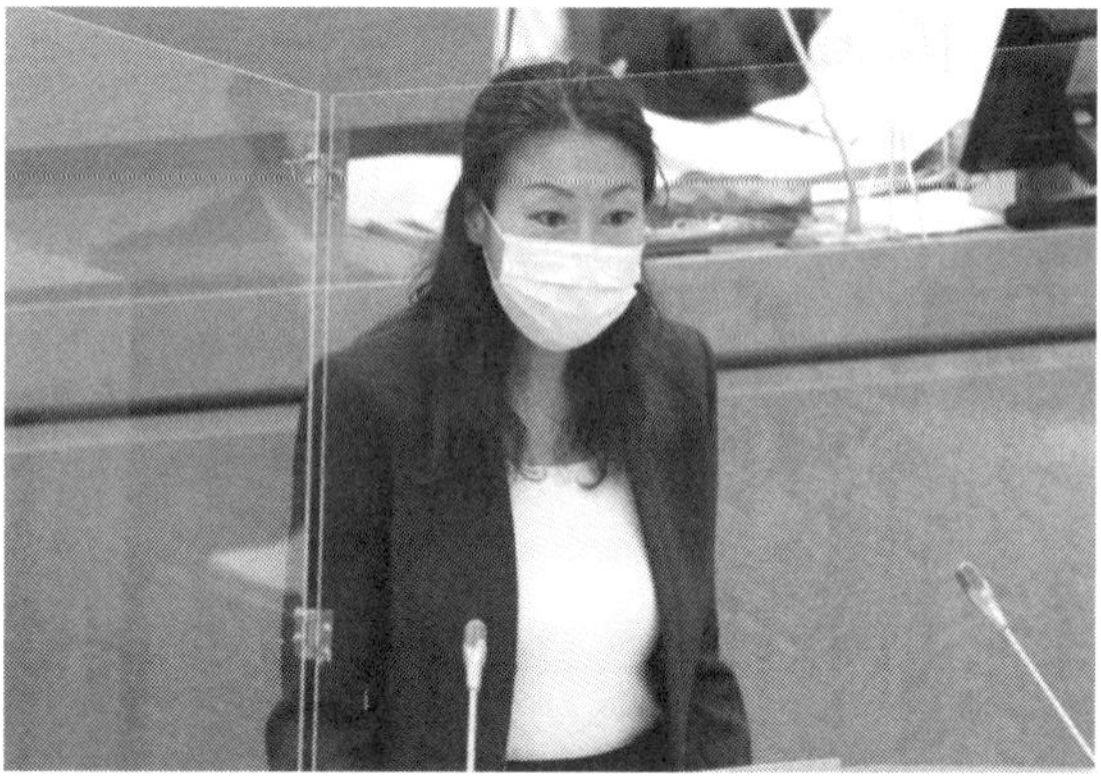

2022年9月12日、就任後初めての議会にて所信表明演説を行なった

区政を行なっていくこと。そのために、立場の違いを越えて職員や議員から学び、自治基本条例に則って、真の自治のまちを築くべく努力していきたいこと。

私自身の半生と価値観も語らせてもらった。大田区で5人きょうだいの2番目に生まれ、大学生のときから環境運動に関わり、その後NGOの職員になったこと。それ以来、環境問題と社会的不平等を同時に解決しなければならないということが、私の行動原則になっていること。

2000年末に出産して、数カ月後にオランダに移住し、帰国まで約20年、ヨーロッパで過ごしたこと。この間、トランスナショナル研究所（ＴＮＩ）という国際政策シンクタンクの研究員となり、水道をはじめとする公共サービスの民営化について、世界中の事例を調査したこと。水道事業の民営化は、透明性と説明責任を犠牲にして推進され、行政や住民への財政的な負担が上昇していたこと。水という、すべての人に必要な公共サービスを適切に提供するためには、民営化よりも、行政、労働者、地域社会が一体となり、その統治に責任をもって進む道が望ましいという結論に至ったこと。

世界の先進的な自治体において、新自由主義によって傷んだ地域社会と地域経済を再構築しようとする運動が起こり、国際性、多様性、気候危機、フェミニズムといった課題や価値を取り入れながら、公共サービスの脱民営化、脱市場化、再公営化に取り組んできたこと。杉並でも、この区長選で私が訴えた「公共の再生」が、有権者、とりわけケアサービスを担っているエッセンシャルワーカーの心に響いていること。

そして、気候危機と防災をはじめ、私の重視するテーマや公約に掲げた政策について、

＊２　全文は本書巻末に掲載。

現状認識と私の考えを述べていった。地域経済を守り、働く人を守り、多くの区民を幸せにするために、一緒に努力していきたいと呼びかけた。

区長に就任したときのメッセージで、「私に投票されなかった区民の声、投票に行かなかった区民の声を意識的に聞き、対話と理解を深めてまいります」と書いた。所信表明ではもっと踏み込んで、「議員、区民、職員のみなさんには、区長に対してクリティカルでありつづけてほしい」と述べている。私はすべての区民に支持されて当選したわけではなく、約6割は投票に行かず、また187票という僅差での勝利だった。つまり区民の多くは、私に反対もしくは選挙に関心をもっていない。その現実を真摯に受けとめて仕事にあたらなければならない。これは本心であり、今も変わらない私の信念を示したものだ。

「クリティカルシンキング」は「批判的思考」と訳されるが、「物事の本質を見極め、論理的に思考すること」。私に対してクリティカルであってほしいというのは、区長が誰であっても、好きでも嫌いでも、区政を進めるために建設的で活発な議論をしたいという意味合いを込めた言葉だ。

この翌年2月の議会で初めての予算案を提出するが、そこでは前述した公約の仕分け作業に基づいて、時間のかかるものは計画改定を組織的に行なうまで待つこととした。区政の連続性のなかで、それまでの計画に基づいて行なうべき多くのことを継続した。それでも、参加型予算のモデル実施や気候区民会議の発足準備といった、参加型民主主義の具体的なツールをいち早く始動させることができた。

初めての区議会定例会の初日には、傍聴者が１２０人以上も訪れた。傍聴席は、記者席を除くと45席しかないので、別室にモニターを入れてライブ中継をすることになった。議会事務局は初めての対応に相当な調整をしてくれたようだ。

本当にたくさんの区民が関心をもって傍聴に来てくれたことは、私にとって大きな支えになった。もちろん、傍聴者がみんな私の支持者というわけではない。しかし、区民が見てくれているという実感がなかったら、全く知らない世界に入っていくのはもっと苦しい経験だっただろう。

草の根民主主義を地方政治から

区長選挙は、杉並の多様な住民運動がつながり、それが基盤となって生み出されたものだった。もともと私が政治家をめざしていたのではなくて、まず住民運動があり、その願いを体現する代表者を区長選挙に出そうという動きになって、私に声がかかったのだ。街場（ストリート）の政治と、庁舎や議会（インスティテューション）の政治がつながり、相互作用しながら力をつけていくことは、地域から自治と民主主義を実現していくうえで必要不可欠だ。

私がトランスナショナル研究所に入った２０００年代、ラテンアメリカで次々に革新政権が生まれた。ボリビア初の先住民出身の大統領モラレスや、ブラジルの労働党ルーラ大統領、ベネズエラのチャベス大統領が有名だが、チリ、ウルグアイ、アルゼンチン、エクアドル、メキシコ、ニカラグアでも、「自分たちはアメリカの裏庭ではない」と、アメリカや国際通貨基金（ＩＭＦ）などによる新自由主義政策の押しつけと介入に対する異議申し立てが、南米全体を覆っていた。

だがその後、そうした革新的な政権が次々に倒れていく。その大きな要因として、社会運動側の失望があった。革新政権のもと、格差縮小や貧困削減などを目的に、教育や保健、社会保障制度が一定整備されたものの、経済の不安定さや停滞もあり、期待されていた政策が進まない。それへの失望と、政権そのものの汚職や不正もあって、社会運動側からも批判が起こり、支持を失ったのだ。権力を握った政権と社会運動との関係には、宿命的な難しさがある。

２０１０年代になって、地方政治から草の根民主主義や地域主権を求めるミュニシパリズムが政治運動として生まれたのは、そうしたラテンアメリカの国々での、国政を変えようとした経験への反省と無関係ではない。そうした変革を否定するわけではないが、国レベルの権力闘争ではなく、足下の地方政治のなかで生活者の視点から民主主義を実践する政治をつくりだし、そこで蓄えた力がつながり合うことで、国家や国家を超える力を構築しようとする。そのためには社会運動が、地方政治の行政組織や議会組織に参画し、具体的な変化を重ねていく体験が必要なのだ。

透明性の高い政権運営と参加型の民主主義によって、ストリートとインスティテューションが近づいていくことが重要だ。そうした志向をもった首長を出し、さらに議会に住民運動の代表者を送り込むことで、既得権益に左右されない市民益を体現していく地方政治をつくっていこうというのが、ミュニシパリズムの戦略でもある。

そこで大事なのは、形からつくるのではなく、現実からつくっていくことだと思う。現実とは、さまざまな地域課題のことだ。各地域には開発やまちづくり、学校でのいじめや若者、高齢者の社会的孤立などの課題があり、それらに取り組んでいる人々がいる。子どもや障害者の居場所づくりや高齢者の見守り、地域包括ケアに尽力している人たちもいる。このような、生活に根ざした具体的な課題でつながっていくほうが、抽象的な価値でつながるよりも現実的だろう。

今までは、地域包括ケアの事業者やケアマネジャーと、学校に行けない子どもを支援している人たちはお互いバラバラだったかもしれない。けれど、たとえば「地域内での居場所づくり」という枠組みにしたら、もっとみんながつながれる。そのような地域の取り組みを行政が認知し、必要な支援や場所を提供することで、自律的な地域の活動を支えていけるだろう。

まちづくりでも、一部の団体ではなく関心のある個人も含めた人々がオープンに協議する仕組みを、行政がつくること。行政が物事を決めるのではなく、住民が行政とともに合意形成をしていく。その仕組みをつくることができるのは行政だ。これが「対話の区政」の出発点であり、その目標は住民自治を実現することだ。

3

職員はコストではなく財産

2022年11月9日の区長定例記者会見にて「杉並区役所ハラスメントゼロ宣言」を公表した。（杉並区公式YouTubeより）

「公共の再生」は、私にとってさまざまな政策の柱となる大事なテーマだ。最初の所信表明でもふれたように、私がヨーロッパで研究していたテーマの一つは、水道事業などの公共サービスの民営化の問題だった。水道、電力、医療、教育、福祉、通信、地域交通、廃棄物回収といった、誰もが生きていくうえで必要とするサービスが、１９８０年代以降の新自由主義の波のなか、世界各地で市場化、民営化され、企業の利益追求の論理で運営されていった。国や自治体が運営するのは非効率であり、市場に任せたほうが安くて質のいいサービスが提供できると喧伝された。

　ところがその結果、水道事業では下水の水質管理や設備更新のための投資が渋られ、環境が悪化したりサービスの質が低下した。さらに、水道料金が値上げされて、水道代を支払うことが困難な「水貧困」世帯が増加した。特に完全民営化をした英国では、多くの民間事業者が、年々厳しくなる下水処理の環境基準を満たすための設備投資よりも、満たさないことで罰金を払うほうが安く上がるという選択肢をとる事態に陥っている。

そうした「公共の解体」をくい止め、地域住民と自治体職員による民主的な運営に変えていこうと、水道サービスの再公営化の運動が起こった。フランスの首都パリが２０１０年にそれを果たしたことで加速的に広がり、成果をあげてきている。「公営か民営か」という二分法を超えて、地域住民が自ら公共事業を管理することをめざしているところが特徴だ。重要なのは、公共サービスを国や自治体が直営で行なうか民営化するかではなく、公共サービスをどう民主化するかだと、私は考えている。

「公共の解体」は日本でも、急速かつ複合的に進められてきた。行政はコストが高い、効率が悪い、創造性がないといったイメージがつくられ、「民でできることは民で」が、社会全体の合意のようになった。杉並区では、行政需要の増大・多様化にともない、区の歳出決算額が増えているなかでも、職員数の削減を目標に掲げ、業務の民間委託や保育園等の民営化、事務事業の廃止・縮小、技能系職員の退職不補充等を推進してきた結果、２００４年に４２５９人であった職員数は、２０２３年には３５５２人と、７０７人の減となっている。

それは一面では、「最少の経費で最大の効果」を追求するのが使命である自治体にとっ

杉並区の職員数と歳出決算額の推移

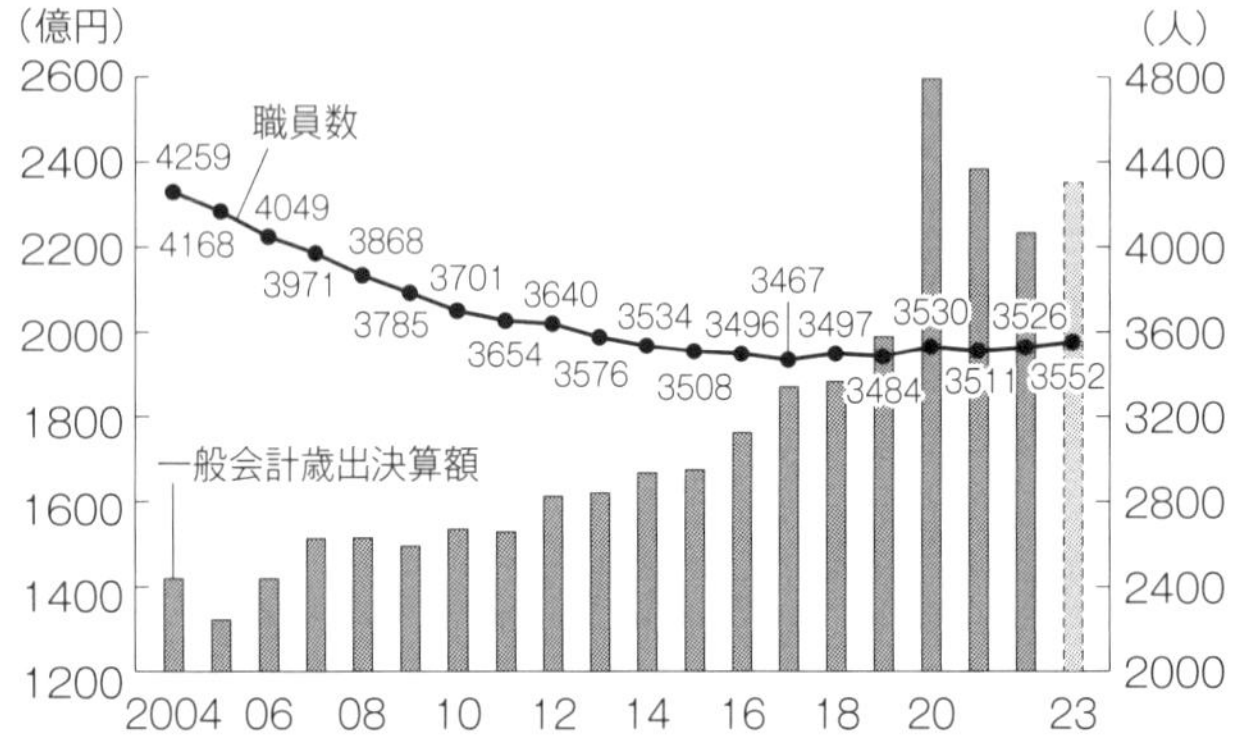

（出所）杉並区定員管理方針　令和 6 年度（2024 年度）〜令和 12 年度（2030 年度）

て唯一の選択肢のようでもあり、税金を無駄にしないといった住民利益に合致することもありうる。しかし、サービスコストがどうして安くなっているのか、サービスの供給が持続可能なのかなど、よほどの問題が発覚しなければ評価が行なわれていない。まさに今、その評価が真剣になされなければならないと思う。

「少子高齢化の時代に対応しなければならない」「住民のニーズは多様化している」、だから「行政コスト削減や民間活用を進めなければならない」。こうした論理が、行政のなかでテンプレートのように使われている。ところがその削減対象は、決まって教育、福祉、文化、スポーツ、公共施設、保育や介護などケアといった分野なのだ。この時代に、本当に必要性を問わなければならない道路などの巨大インフラや都市開発のあり方などは、不問に付されてしまう。

日本では「公から民へ」のプロセスは自治体に浸透し、行政内部からそれを追求する力学に慣らされてきた。この20年で急速に進行したのが、公共サービスの外部化とともに、公務員自身の非正規化だ。公務の外部化と非正規化は「官製ワーキングプア」を生み、社会問題として認識されはじめた。

コロナ感染症の世界的な流行による公衆衛生の危機は、保健所を中心に、生命を守る責任のある公務はぎりぎりの通常運転であってはならず、危機に対応できる余白と専門性が必要なことを世界中に認識させた。このような課題意識をわかりやすく表現するため、「さとこビジョン」の6つの基本姿勢の一つに、「区立施設と区の職員は、『コスト』ではなく、杉並の『財産』です」と掲げた。

ハラスメントゼロ宣言

就任4カ月後の11月9日に、「杉並区役所ハラスメントゼロ宣言」を公表した。「わたしはしない、見過ごさない」をスローガンに、職員団体とも連携して、ハラスメント、特にパワーハラスメントの根絶に向けた具体的な取り組みを実行していくという宣言だ。

選挙公約のなかで、「区の職員が快適に仕事のできる環境を整えることは、区政全体にとっても基本です。パワハラ、セクハラ、性的少数者への差別などの調査をおこない、パワハラ、セクハラ、差別が起きない職場環境をつくります」と掲げていたが、それにさっそく着手したものだ。これまでも区役所内では、ハラスメントに関する相談が人事課などに寄せられていたが、それに対しては、被害を受けている人を別の部署に移すといった対応がとられていたようだった。これでは話が逆で、本来なら、ハラスメントをしている側が問題にされないと解決にならない。そのためにはまず、ハラスメントが起きている実態を可視化しなければならない。

そのために職員へのアンケート調査を速やかに実施したのは、私ではなく職員側、総務部人事課の提案によるものだった。8月から9月にかけて、会計年度任用職員を含むすべての職員を対象にアンケートを取り、全職員約6000人のうち、2701人の職員から回答があった。そのなかで、過去3年の間に「ハラスメントを受けたことがある」「目撃したことがある」と回答した職員は、いずれも15%を超え、ハラスメントの種類としては「パワーハラスメント」が圧倒的に多いという結果が出た。これを根拠に「ハラスメントゼロ宣言」を出したという経緯だった。

もちろん、ただ宣言するだけでは不十分であり、大事なのはその先の具体策だ。すべての部課長が自席の後ろの壁など職員から見える場所に「私はハラスメントをしません。見逃しません」など、自らのゼロ宣言を書いたポスターを貼った。それだけでハラスメントゼロの職場を実現できるとは思っていないが、ハラスメントは許されないという考えを組織として確立することはきわめて重要だ。

その先をどうするか、ハラスメントや労働問題に詳しい弁護士や専門家の意見を聞きたいと思った。区役所の各部・課は専門性をもっており、基本的には、しかるべき人と議論して決まったことを、しかるべき部署が担当して物事が進む。だが今回のハラスメントゼロのように、区役所の組織文化をどうするかという戦略においては、その文化に慣れ親しんだ内部の人だけで話し合うのには限界があると思った。私は自分が完全な部外者だったので、いろいろなことに「なぜ？」「はて？」と思う。話を聞いて「そういうことなんだ」と学ぶことも多いが、テーマによっては、外部の人材がもつ専門性や知見の力を借りたいと思うことが多々ある。

区役所は外部の人の意見や知見を聞くにあたって、条例で審議会を設置し諮問したり、協議会をつくったりという正式なやり方がある。正式な手続きをとらなければ、「どうしてこの人に意見を聞いているのか」という公平性や客観性の問題が出てくるからだ。公金に責任をもち公共政策をつくる役所は、外との接触に神経を使わざるをえず、結果的に内向きになりやすいのかもしれない。

それでも、ハラスメントゼロについては、企業や自治体の研修に豊富な経験をもつ弁護士が管理職研修を担うことになり、以後継続的にお世話になっている。

外部からの力が欲しいとき、こんな方法もある。たとえば渋谷区が性の多様性を尊重する条例をつくった際には、外部から職員を募集し、性のマイノリティの当事者が任期付き職員という形で課長職に採用され、区役所内部の多様性の政策に取り組んだ。自治体には、外部人材を5年を上限に任期付きで採用できる制度があり、課長職などのポジションで公募することができるのだ。杉並区でも2024年4月から3年間（更新あり）の任期付きで男女共同参画担当課長1名を公募採用したが、専門家に関わってもらうことで行政職員の視野や人脈も広がり、行政職員自身が専門性を身につけていくことも期待している。[*1]

職員との対話

職員たちと私とのコミュニケーションの場として、就任の翌月から始まったのが「ナ

＊1　公募にあたって区長メッセージも公開した。「杉並区のジェンダー平等を推進するために、私たちと一緒に働いてくれる職員を募集します」
https://www.city.suginami.tokyo.jp/greetings/message/1091224.html

ミー，ｓカフェ」だ。ネーミングも含めて総務部の職員が考えてくれたもので、月に1回程度、1時間、区長室の隣の応接室に自分の飲み物を持って集まり、職員の話を聞くというもの。今までの開催数は23回になった。

今回は主任級の職員、今回は会計年度任用職員、今回は採用1年目の職員といった具合に、計画的に参加を募っており、毎回8人ぐらいが基本となっている。区役所本庁だけでなく、出先の土木事務所や清掃事務所、福祉事務所、図書館、保育園、児童館などで働いている職員ももちろん対象だ。管理職である部長・課長とは会議や議会準備などで話す機会も多いが、6000人の職場でそれ以外の職員の声を直接聞くのは困難だ。私は職員がどういう気持ちで働いているのか、何を課題だと思っているのか直接聞きたいという思いで、このような場をつくることにした。

ナミー，ｓカフェではなるべくみんなにしゃべってもらうようにしている。仕事の話でもいいし、そうでなくてもいい。個人の悪口でなければ何でも話していいですよ、と伝えている。私にとっては、幹部でない職員たちの見ている世界にふれられる貴重な場所だ。私も新入職員みたいなものだから、「役所の不思議」のような話題で盛り上がることもある。

たとえば、びっくりしたのはこんな話だ。8時30分から勤務するのが基本なのだが、子育てや介護の事情などに配慮して、7時30分から9時までの間の時差出勤が認められている。ところが、職場によって管理の仕方が多少違うようだが、出勤時間は1週間前あるいは1カ月前に申告しなければならないそうだ。公費で働いている公務員の義務として、そうした形で勤務時間を証明しなければならないということも理解できるが、育児などでは急な対応を求められることもある。のびのびと仕事するためには、もう少し利用しやすい制度設計も大切だと思う。

会計年度任用職員との対話も印象深かった。会計年度任用職員とは、文字通り会計年度（4月1日～翌年3月31日）ごとに雇われる有期雇用の職員だ。契約更新はあるが、国家公務員の運用にならって東京都など多くの自治体では2回更新3年が限度となっている。杉並区はそれより長いとはいえ、5回更新が限度となっている（つまり6年は雇用が継続するが、その後は公募となり、応募して合格する必要がある）。職員の話は切実だった。正職員の半分以下の待遇で、給料も7年目以降は全く上がらない（2024年4月以降は処遇改善された）。正職員の補助的な仕事ということになっているのに、経験を積んだ会計年度任用職員頼りになっている職場もあるようだ。ナミー's カフェは個人が自由に発言できる場であるだけに、すべてを鵜呑みにすることはしないが、職場の現実を直接聞く貴重な機会だととらえている。

会計年度任用職員という非正規労働

杉並区は全職員6058人のうち、正職員が3552人、会計年度任用職員が2506人。つまり41%が会計年度任用職員となっている（2024年4月1日現在）。その会計年度任用職員の85%が女性だ。日本社会全体で、過去20年間に労働の非正規化が進行し、ジェンダー平等がほど遠い社会のなかで女性がそのあおりをより受けているが、杉並区の労働形態はその縮図のように見える。女性の非正規労働を固定化するこの仕組みに対して、まずは問題意識をもたなければならない。

会計年度任用職員と正職員との待遇格差には、さまざまなものがある。たとえば公務員のボーナスである期末手当と勤勉手当。これまで、正職員には支給されている勤勉手当

（2・25カ月分、2024年現在）が、地方自治体の会計年度任用職員には支給できないことになっていた。何の合理性もない差別だが、2023年の地方自治法改正によって、自治体が決めれば勤勉手当を支給していいということになった。

自治体が決めるといっても、東京23区（特別区）は人事に関することが特殊で、特別区全体で合意しなくてはいけないことが多い。だから、特別区が勤勉手当の支給を2024年度からスタートさせる合意に達したのはうれしいニュースだった。1章に書いたように、これが2024年度の予算に反映され、約9億円が計上された。給与は人によって違いがあるが、平均して一人当たりの手取りは年間約50万円アップする。「官製ワーキングプア」が社会的な問題となるなか、この処遇改善は重要だ。法改正の結果、2024年度から多くの自治体が会計年度任用職員に勤勉手当を支払うことになった。

昭和的な家族形態の延長で、女性の非正規雇用は男性の収入を補助的に支えるものとして正当化されてきた感があるが、その状況も様変わりしている。公務非正規女性全国ネットワークの調査によると、会計年度任用職員の3割強が主たる家計維持者であり、フルタイム会計年度任用職員の約6割の年収が250万円未満だ。若年、高齢の単身者も多い。

退職金もなく、数年後の雇用の保証がない状態で働く不安を、政策立案者はどれだけ想像できているだろうか。当事者の声を広げなければいけないし、こういった現代的な課題を敏感に感知するためにも、政策決定の場に多様性がなくてはならない。フェミニストが行政のトップになるのはきわめて重要なことだ。

勤勉手当の支給は、不合理な差別を是正する重要な改善ではあるが、小さな前進にすぎない。会計年度任用職員の制度そのものに大きな問題があり、待遇改善にはさまざまな技術的な困難がある。国の制度なので、地方自治体では根本的には解決できないことも多い。

会計年度任用職員の全国的な要望の一つが、公募によらない更新回数の上限の撤廃だ。多くの自治体は更新2回まで、つまり3年を限度としているが、世田谷区や文京区のように、更新に上限のない自治体もある。更新の上限がなくなれば、基本的には無期雇用が実現できるので、今より安心だし、長く働いて能力を蓄積できるだろう。ただ、それを改善しようとすると、会計年度任用職員には定年制がないなど、制度的な不整合にも直面する。

これからも私は、非正規公務員を是とし固定化する国の制度の根源的な問題を、ジェンダー平等の視点から問題提起しつづけたいと思う。自治体は公務労働とジェンダー平等のために、具体的な処遇改善を行なっていくことができる存在なのだ。

区役所のジェンダーギャップ

杉並区の正職員は、女性が２０５９人、男性が１４９３人で、女性のほうが多い。しかし管理職に占める女性の割合は20％程度にすぎない。組織の意思決定の場となれば、ジェンダー格差はより顕著だ。先日のとある会議の参加者は合計42名で、そのうち女性は私を含めて４人だった。日本の組織にはよく見られる光景だ。意思決定の場に女性がいないことが、組織や社会にとっても多大な損失であることは、今や言うまでもないだろう。

杉並区は２０２５年までに管理職に占める女性割合を30％にすることを目標として定めたが、その進捗に対する現状認識について、議会で質問された。私は、時間がかかっても50％をめざさなくてはならないこと、従来通りの方法では十分でないことを答弁した。

特に強調したのは、もともと女性の昇任意欲が男性より低いわけではない、ということだ。最初の昇任選考となる主任選考では、女性の合格者のほうが男性の合格者よりも多い傾向がある。ところが、係長、課長、と職層が上がるにつれて、女性が少なくなっていく。それは女性が育児や家事、介護などさまざまなケアワークを担う比重が大きい社会で、キャリアの継続や形成が難しくなっているからだ。それは「つくられた性差」であり、女性の昇任意欲が低いように見えるのは、その表れにほかならない。

人事課は、女性管理職を増やすことに一生懸命に取り組んでいる。しかしこの問題は、杉並区役所だけではなく、日本全体ができていないことだ。私たちはもっと広い視野で見る必要がある。

私は20代のときに出会った千葉敦子さんの著作『ニューウーマン』(三笠書房、1987年)に励まされ、それは今でも私の人生観やジェンダー観の一つの基礎となっている。仕事を通じて社会に参画し自己実現の一部を果たすことも、家庭のなかの家事やケアワークを通じて協力しながら生活をするスキルも、地域社会のなかで賃金労働とは無関係の地域活動への参加や社会貢献をすることも、すべてが同様に大切であり、性別を問わず一人の人間としてこのバランスを高めていくことが人間としての成長である、というメッセージだった。

出産、子育て、家事、介護などのケアワークを、女性があまりに多く負担しているなかで、女性は自分のキャリアを形成することと、家庭での責任を果たすことの厳しい選択に向き合い、ときに引き裂かれている。総務省の社会生活基本調査（２０２１年）によると、６歳未満の子どもがいる共働き世帯の一日当たりの家事関連時間は、妻が6時間32分だった。1時間57分だった夫の３・４倍に上る。まずはケアワークを適正に社会化すること。社会全体でケアを支えるために、保育や介護などの公共サービスを豊かにしていくことが必要だ。それから、家庭内でもケアワークを公平に分担する必要がある。そして職場では、それぞれのライフステージを尊重して支え合う制度と文化をつくらなくてはいけない。よく言われることだが、長時間労働の是正は、すべてにおいてプラスに働く。区役所内のジェンダーギャップ是正に取り組むことも、先ほどふれた外部人材の公募を行なった動機の一つだ。２０２４年4月1日、メディア界から転身した新しい課長を迎えることができた。

指定管理者制度を検証する

公共施設の管理・運営を民間事業者に包括的に任せるのが、指定管理者制度だ。2003年に創設された国の制度で、杉並区では現在、スポーツ施設の6割、図書館の7割、集会所の3割に導入されている。住民サービス向上や行政コスト削減を目的に進められてきた、公務を民間に委ねていく政策だ。

指定管理者制度に対する私の関心は、まず労働問題にあった。公共施設であるスポーツ施設や図書館や集会所を指定管理にすることで、そこで働く人たちの労働環境は、区の「外」の問題になっている。つまり、区の正職員や会計年度任用職員の外に、民間に雇用される労働者が置かれているのだ。これら労働者が公共施設の管理・運営に従事するのは、全国的に当たり前の光景となった。その多くが非正規労働の女性だ。

一方、区民から見れば、公共施設で働いている人たちは、区の職員と何の違いもない。実際、区の職員と同じように、公務労働の倫理を求められ、非常時や災害時には公共スペースで必要になる役割を果たさなければならない。にもかかわらず、多くの労働者は有期雇用で賃金も抑えられており、しかも比較的高齢の短時間労働者という現実がある。

そういうなかで、そもそも指定管理者制度を導入する大きな理由であったコスト削減も危うくなっている。これは私の研究してきたテーマの一つで、長期にわたる民営化の結果、逆にコストが高くなっている傾向が見られる。基幹業務の民間委託を続けていると、行政内から知識や経験が失われていき、業務の質とコストが見合っているのかの判断が難しくなっていく。

だから、施設運営の一部は指定管理にするとしても、区の職員が直接従事する直営の現場は残さなければいけないし、そのうえで指定管理先の雇用にも区の管理が及ぶようにする必要がある。

区長就任後、図書館、スポーツ施設、区民センター37施設を対象に、指定管理者制度の検証を行ない、2023年9月に報告書を公表した。*2「現存する指定管理者制度による契約については、丁寧に検証します」という私の公約に沿って、事業者、従業員、施設利用者、区民一般に大規模なアンケート調査が実施された。

総じて言えば、利用者のサービス満足度は高く、財政負担は軽減された。現在働いている従業員は、おおむね働きやすい職場であると回答した。そして課題も見えてきた。区職員が業務への理解を深め、知識を蓄積していくためには、施設の特性に応じて一定程度の施設を直営で運営するなどの対応が必要とわかった。そして、区と指定管理者がそれぞれの役割を果たしつつ、連携を密にすることで、透明性があり満足度の高い施設運営をめざすと、検証のまとめに示した。

世の中で非正規雇用が問題になり、ここ数年で「官製ワーキングプア」という言葉も認知されてきている。検証作業を進める過程で、検証チームと多くの議論をして、現場の声も合わせながら共通の認識を深めていった。

この検証をもとに、指定管理者制度について、これまでと違う視点を打ち出すことができた。それは、指定管理者制度を使うとしても、地域の事業者、行政、住民が協働して公共施設を運営していくというものだ。民間にお任せではなく、一緒に運営していく。その意味を込めて、杉並区の指定管理者制度に「杉並区施設運営パートナーズ制度」という愛称をつけた。

今の指定管理者制度そのものには問題が多いが、公務の一部を地域の多様な担い手が担うことには、前向きな面もある。民間企業だけでなく、社会福祉法人や協同組合など、地域のことを熟知した、経験豊富な事業者が担うこともできる。そうした多様な事業者と行政がしっかりと関係を築くなかで、地域で働く人の労働環境を守っていく。公務の担い手の労働環境を、区がきちんと見ていく。そのためには、区の職員の知見や経験を蓄積する必要があることも確認できた。

過去40年に及ぶ新自由主義の経済改革のなかで、自治体の職員は、コスト削減の対象にされてきた。自治体の職員自身が、専門性のある外部の人に任せるほうが住民サービスの向上につながるという考えにとらわれている。

本来なら、地域のことをいちばんわかっていて、その専門性をもっていなければならないのは自治体職員ではないのか。しかしその自治体職員が、少人数で膨大な仕事を抱えて

＊2　「指定管理者制度の検証報告書」
https://www.city.suginami.tokyo.jp/_res/projects/default_project/_page_/001/086/859/050927_houkokusho.pdf

疲弊している。自治体職員が仕事にやりがいをもちつづけ、誇りをもって、自分の能力を発揮できる環境をつくっていかなければいけない。職員たちがもともともっている倫理性や創造性を伸ばしていくような職場でなければいけないと思う。その先に初めて「公共の再生」が見えてくる。

ケアする自治体へ

自治体の職員はみんな、重要なケアワーカーだ。地域社会に生きる人たちの命と暮らしを支えるという、共通の使命をもっている。

新型コロナウイルスのパンデミックで、私たちは医療や看護や介護といったケアの仕事がこれまでいかに最小化されてきたかを実感した。公衆衛生を担う保健所が縮小されたり公的予算を削られて、大きなリスクに対処できなくなっていることが、世界的に明らかになった。ヨーロッパでは高齢者のケアハウスで感染が拡大し、多くの人が亡くなった。そこでは移民労働者が低賃金で働き、トレーニングも受けていない実態が明らかになった。

保健所もどんどん減らされて、日常業務で手一杯になっていた。命を守るためには、公務をぎりぎりまで削ってはならない。通常運転がやっとでは、いざというときに動けない。そのことに世界中の人々が気づいたのが、コロナパンデミックだった。

感染の危機に瀕しながら働いている人たち。命を支えるケアの仕事は絶対に必要であるにもかかわらず、賃金はコストとして抑えられ、ぎりぎりまで減らされた。そして、その担い手のほとんどが女性だった。

近代社会は、化石燃料を使って大量生産・大量消費・大量廃棄を是として成長してきた。一方、従来家庭のなかで主に女性が無償で行なってきた育児や介護といったケアワークは、保育園や介護保険制度の整備のなかで社会化が進んだが、その多くが市場化され、労働は低賃金に抑えられてきた。命を支える営みは軽視され、依然としてその多くを女性が支えている。気候変動危機が待ったなしに進行するなか、化石燃料を燃やさない脱炭素社会への移行が至上命題となっているが、私は脱炭素社会の具体的な姿は、ケアが潤沢なケア中心社会だと考えている。ケアする人を社会がケアする。ケアを担う人たちがきちんと賃金を得て、十分に休めて、幸せを感じられなくてはいけない。そうした、ケアを担う人たちのウェルビーイングを社会の中心的な課題にしていくことが、脱炭素社会実現に向けた一つの構想ではないかと思っている。

超高齢社会はもう到来しており、すべての人が当事者だ。ケアが正当に評価され、ケアする人たちが誇りをもって働きつづけられることで、ケアされる人たちの尊厳が守られる社会をめざさなくてはいけない。

4

当たり前の人権、当たり前の多様性

2024年7月、ジェンダー平等や性の多様性を求めて活動する女性たちと。

２０２３年2月9日から3月15日までの区議会定例会では、２０２３年度の予算案を議会に提出した。私にとって初めての予算提案だ。

一般会計の規模は２１０７億円。物価高騰のなか、地域の住民や事業者を支えるために、福祉施設への光熱水費等の助成や、中小事業者への支援などの経費も計上した。

また、公約に掲げた区民参加型予算を組み込むことができた。7章で詳述するように、予算の一部を住民の直接参加と投票で決定するものだ。金額は小さいが、意義は大きい。それから、気候区民会議の予算を組むこともできた。最初の予算で公約を目に見える形で示せたのは、この2つの政策だろう。

性の多様性を尊重する条例

この区議会定例会では、「性の多様性が尊重される地域社会を実現するための取組の推進に関する条例」* を提案し、可決された。就任1年目の大きな成果の一つだ。性の多様性が尊重される地域社会を実現するために、性を理由とする差別を禁止し、区、区民、事業者の責務を定めたものだ。

この条例のなかに、パートナーシップ制度も盛り込まれた。双方または一方が性的マイノリティである区内在住のカップルが、互いを人生のパートナーとして、相互の人権を尊重し、継続的に協力し合い、共同生活を営むことを約束したら、それを区に届け出ることができる。区は受理証を発行する。ここでいう性的マイノリティは、「性的指向が異性に限らない者、または性自認が出生時に判定された性別と一致しない者」と定義されている。

受理証は、区営住宅の入居申し込みなどに活用できる。民間の事業者に対しても、従来は結婚した男女しか受けられなかったサービスを、受理証を持つカップルにも提供するよう、協力を呼びかけている。

＊ 「杉並区性の多様性が尊重される地域社会を実現するための取組の推進に関する条例」
https://www.city.suginami.tokyo.jp/_res/projects/default_project/_page_/001/086/390/jorei03.pdf

なぜ性の多様性条例を真っ先に実現したかったのかといえば、当たり前の多様性を認め合い、性的マイノリティの権利を守る法整備に関する日本の遅れは、国際社会で際立っているからだ。性的マイノリティの人権保障に関する経済協力開発機構（ＯＥＣＤ）の２０１９年の調査によると、日本の法整備の進捗状況は35カ国中34位。ジェンダー平等や性的マイノリティの権利保障が国際的に加速度的に進むなかで、「伝統的な家族観」を重視する政治が続く日本は完全に取り残されてしまった。

そのなかで私が特に気にしているのは、子どもや若者たちのことだ。岡山大学病院ジェンダークリニックの調査では、同院を受診した性同一性障害１１６７例のうち約90％が、中学卒業までに自分の体の性に違和感を覚えていた。性的マイノリティの子どもたちには、自傷や自殺未遂、いじめや不登校、うつ病の発症との関連も見られる。性的マイノリティの子ども・若者の課題に取り組んでいる認定ＮＰＯ法人ReBitの調査（２０２２年）では、10代のＬＧＢＴＱは過去1年に、48・１％が自殺念慮、14・０％が自殺未遂、38・１％が自傷行為を経験したと回答した。10代のＬＧＢＴＱの自殺念慮はそれ以外の子どもと比べて３・８倍高く、自殺未遂経験は４・１倍高い状況にある。子どもや若者たちが生きていたくない、生きられないと思う社会にしてはいけないという責任を強く感じる。自分はありのままでいい、幸せだと、一人でも多くの人が思える社会にしなければいけない。

多様な性のあり方や関係性を認めてほしいという当事者の切実な思いや民意に国政が背を向けるなか、地方自治体がイニシアティブをとってきた。２０１５年に渋谷区と世田谷区が全国で初めてパートナーシップ制度を導入し、全国の自治体に広がって、今では自治体のパートナーシップ制度が人口の8割以上をカバーしている。

国が応えようとしない生活者の要求に対し、自治体が工夫をこらして制度をつくり、それが波及していく。18歳以下の医療費無料化も、学校給食費の無償化も、まさにそのような自治体発の行動だ。国と自治体の関係は上意下達の面がいまだに払拭されていないが、そうではないやり方を見せてきた先進的な自治体がある。

しかし、自治体の努力によって性的マイノリティの権利擁護が実質的に進むなかで、その反動が顕在化しつつあるのもまた現実だ。

性的マイノリティに対する差別禁止や同性カップルの権利保障は、本来国がやらなければいけないことだ。世界を見ると、１９８０〜９０年代にかけて性的マイノリティの権利保護の運動が広がった。１９８９年にはデンマークで婚姻制度を利用できない同性カップルが婚姻に準ずる権利を得られる「登録パートナーシップ法」が定められ、それ以降パートナーシップ法を定める国が増えていった。そして、２００１年には世界に先駆けてオランダが初めて同性婚を法制化した。また、２０１１年には、国際人権法を司ってきた国連人権理事会において、性的指向や性自認を理由とする暴力や差別に対する「由々しき懸念」を表明する、という画期的な決議を採択し、以降、フランス、イギリス、ドイツ、オーストリアなどで同性婚の法制化が加速的に進んだ。法制度が整備されれば、自治体や地域社会での取り組み、公教育を通じた人権と権利擁護の教育は浸透していく。法整備が追いつかない日本では、残念ながら偏見に基づく差別を許さない教育や理解が広まっていない。この人権意識の空洞は、意図的で時には排他的な反動が浸透し、増幅することを許してしまっている。今まで傷つけられてきたマイノリティの人々がさらに傷つけられる深刻な状況を、深く危惧している。

それでも、「性の多様性を尊重する条例」はなんとか可決された。公約においては、パートナーシップ制度のなかに事実婚を含めることを掲げていたが、今回は叶わなかった。無理して拙速に進めるよりも、今一度議論をして多くの人が納得したうえで、パートナーシップ制度の拡大を提案することとした。

条例はゴールではなく理解の土壌

条例案の提出に先立って、性的マイノリティ当事者とも対話を重ねていた。たくさんの当事者が何年も苦労し傷ついてきた現実があり、権利を獲得するための地道な闘いが、杉並区内でも続けられてきた。それが条例として実を結ぶことを、ほとんどの当事者は喜んでくれた。自分の存在を、自分の住む自治体が認知している、それだけでも元気が出るし、生きていけると思えたと。もう子どもたちが傷つかないように、この条例がそのための第一歩になってほしいと。

他方、少数ではあるが、「そっとしておいてほしい」という当事者もいた。国に同性婚の制度がないなかで、自治体のパートナーシップ制度の効用は限られている。むしろＬＧＢＴが政治問題化することを危惧するという考えもある。

そうした声もよく理解できた。しかし、生きにくかったり、つらかったりして、助けを求めている人のためにこの制度をつくるわけで、自分はいらないという人には、利用しない自由もある。だから、いらないという人がいるとしても、制度をつくらない理由にはならない。幸せな人を一人でも多くするための仕組みであって、誰かの権利を奪うものではないし、自分は必要ないと思う人には何の影響も及ぼさないものだ。

条例案に慎重な議員などからは、決め方が拙速だ、反対意見を無視して進めている、と批判された。しかし、こと人権を守ることに関しては、A案とB案のどちらがいいかという議論と違って、「人権を守らないほうがいい」という対案はありえない。こういうことはリーダーシップをもって進めるべきだ。自分と違う性自認や性的指向をもつ人々が少なからず存在し、社会や人生のあらゆる場面で苦難を経験している。それは自分の友だちかもしれないし、子どもかもしれない。存在を否定されたり、ないものとされることがどれだけつらいことなのかをマジョリティが学び、理解するためには、制度が必要だ。

マイノリティの権利擁護に関して、いろいろな意見の人がいるから条例をつくるべきではないというのは、強者の言い分だ。差別をしてはいけない、人権を擁護する土壌をつくったうえで、それに違和感がある人に対しても相互理解を深めていく、その礎《いしずえ》としてこの条例がある。地域社会で性の多様性を守るとはどういうことなのか、みんなで学んで進んでいくために、この条例が必要なのだ。だから、この条例はゴールではなく、これから地域社会みんなで育てていくものだ。

生活保護制度の問題に向き合う

人権に関わる区政課題として、生活保護の扶養照会という問題もあった。扶養照会とは、生活保護を申請した人の親族に自治体が連絡して、生活費の援助などができないかを確認するものだ。生活保護は「扶養は保護に優先する」と法で定められているため、民法上で「扶養義務」がある3親等までの親族が対象とされている。国に頼らず家族が面倒をみるべき、という通念を制度化したものと言える。

本来は生活保護を受けられるのに、家族に知られることを恐れて申請をためらったりやめてしまう人が少なくないと指摘されてきた。しかも、扶養照会の結果、家族からの金銭的援助につながる割合は1・5%（2016年、厚生労働省）と著しく低く、困窮者支援団体や専門家は、実態として扶養照会には意味がないと指摘している。そうしたなか、厚生労働省は2021年に、「一定期間（たとえば10年程度）、音信不通が続いている」など親族の援助を見込めない場合は、扶養照会をしなくてもよいと運用を見直した。

そもそも日本の生活保護制度には大きな問題がある。生活保護の利用率は先進諸国と比較してかなり低い水準であり（人口の1・6%、2010年）、生活保護基準以下の所得で暮らす世帯であっても、生活保護を利用できている世帯は2割に満たないと日本弁護士連合会は指摘している。生活保護の負の烙印（スティグマ）は深い。頼れる家族がいればすでに頼っているはずだ。それができないから、困ったあげくに生活保護を申請するのであり、家族による経済的な扶養が非現実的なことは明らかだ。ならば、申請者とケースワーカー双方にとって合理的な運用を図るべきだ。私は選挙公約に、「本人の意思に反した扶養照会はおこないません」と掲げていた。

就任後、福祉事務所に足を運んで職員の話を聞くと、本人の同意なく扶養照会しているようなことはないこと、その他にも福祉事務所のさまざまな実態について学ぶことができた。そこで私なりに抱いた感想は、以下のようなものだった。

親族への照会は、生活保護を必要とする人が親族と連絡を取りたい、取ってほしいと願う場合には有効だが、扶養につながることはきわめて少ない。しかし、ケースワーカーがやらなくてはならない、決して軽くない業務の一つになっている。職員としては、「扶養は保護に優先する」と生活保護法に書いてある以上、法律を遵守しなければならないという倫理観で、真面目に扶養照会を行なっている。

福祉事務所は人々の命を救う砦であり、行政の存在意義を最も体現している職場だと私は思う。しかし現実には、生活保護の受給者は精神疾患を抱えていたり、いろいろな困難が重なっているケースもあって、ケースワークがとても難しい。その人たちに対して、経験の少ない職員であっても、懸命にノウハウを学びながら対応しているのが実情だ。職員一人につき80件でも多いと言われるファイルが１００件を超える状況になることもあるという。

命を守る職員を守らなくてはいけない

厚生労働省のウェブサイトにも、「生活保護の申請は国民の権利です。生活保護を必要とする可能性はどなたにもあるものですので、ためらわずにご相談ください」と大きく書かれている。生活保護の相談をしようか迷ったときに、こう書いてあれば背中を押してもらえる。

私の公約にも、「『生活保護の申請は権利です』というポスターを作成し、生活保護申請書をホームページでダウンロードできるようにします」と書いていた。福祉事務所を視察し、多くの職員とじっくり話す機会をもってから、現場への私の理解も深まり、職員と前向きな議論ができるようになった。そして2023年になって、福祉事務所の所長や職員がポスターの案を持ってきてくれたときは本当にうれしかった。時間がかかったのは、他の自治体の調査をしたり、なぜ積極的な広報が必要か、どんなメッセージが必要か、職員間で議論を重ねていたからだとわかった。

「申請は権利」という要点をやわらかい表現で伝える、というコンセプトで作ったポスターの案が、3つ提示された。私がいちばんいいと思ったものは、結果として職員の意見と一致していた。このポスターは、区の顧問として採用している広報専門監に相談しながら、福祉事務所の職員が自らつくった。現在、このポスターは区民センターや図書館、児童館、高齢者施設であるゆうゆう館や野外の区掲示板に貼られている。「区内の銭湯にも送っていますよ」と聞いて、できるだけ多くの人に伝えたいという職員の気持ちが伝わってきた。

生活保護制度の周知ポスター
（杉並区ウェブサイトより）

前年の2022年、福祉事務所内で議論をした結果、扶養照会の運用を大きく見直した。生活保護法の手続き上、区の任意の判断で全く行なわないことはできないが、経済的扶養（金銭の援助）と精神的支援（交流、連絡、訪問、手伝い、手術時の同意など）を分け、両方とも照会するか、精神的支援のみとするか、または行なわないか、申請者の意向にきめ細かく対応できるようにフォーマットを改めた。照会の結果、金銭的な援助につながった件数は相変わらずきわめて少ないが、精神的支援はできると答えたケースは67・9％と比較的高いこともわかった。

住まいの権利を広げる

憲法25条は第1項で「すべて国民は、健康で文化的な最低限度の生活を営む権利を有する」と生存権を定めているが、住まいがなければ、健康で文化的な最低限度の生活を送ることはできない。住宅は誰もが必要とするもので、公共性がきわめて高いにもかかわらず、現代社会では個人による所有が推奨され（私有化）、賃貸については需要と供給の市場原理が適用され（市場化）、不動産は投機の対象となっている（金融化）。これを当たり前としてはいけないと私は思っている。

住宅の公共性をにわかに取り戻すことはできないが、命と暮らしを守る最前線にある自治体にできることはある。選挙公約では、住まいを失った人や失いかけている人に対して、安定した住まいの確保を最優先とする「ハウジングファースト」の理念に則った支援を行ない、民間賃貸住宅に暮らす低所得者を対象にした家賃補助制度を創設することを掲げた。「住むことは権利だ」という視点に立つと、住宅政策は大きく変わってくる。杉並区は他区と比べて住宅全体に占める公営住宅の数が少なく（23区中19番目）、入居希望者の倍率は5倍だ。本来なら公正な価格で安心して住むことができる公営住宅を増やしていかなければいけないのだが、新たな区営住宅の建設が困難ななかで、住宅弱者を守る知恵を絞らなくてはならない。

住宅の確保に困難を抱える低所得者、被災者、高齢者、障害者、子どもを養育している人などを、住宅確保要配慮者という。こういった人たちに賃貸住宅への入居を支援することは、住宅セーフティネット法にも定められているので、自治体は手立てを打っている。とはいえ家賃補助は大きな公費投入になるので、慎重な制度設計が必要で時間もかかる。しかし家賃補助ができるまで何もしないのではなく、今できることをやろう、という方策が職員から出てきたときはうれしかった。

国が２０１７年に開始したセーフティネット住宅の制度がある。賃貸住宅の賃貸人（大家さん）が、住宅確保要配慮者の入居を拒まない住宅として、賃貸住宅を登録することができ、高齢者の安全のための改修が必要なら支援も受けられる。賃料については、大家さんが家賃を引き下げた場合、減額分について大家さんに最大４万円まで補助が出るので、仮に家賃が８万円なら借り手は４万円で借りることができるという制度だ。

なぜかこの制度が全国的にあまり活用されていない状況がある。東京都内でも空き室になっている賃貸住宅は多く、杉並区には約３万戸ある（２０１８年調査）。にもかかわらず、この制度が広がらないのは、貸して面倒になるくらいなら貸さないほうがいいという大家さんの心理もあるかもしれないが、そもそも制度があることを知らない人が多いことも大きい。制度があるだけではダメで、これを住宅確保に困難を抱える人のために活用しようとする基礎自治体のやる気が不可欠だと学んだ。

職員は居住支援協議会などを通じて関係者に呼びかけるだけでなく、地域のキーパーソンや大家さんをまわって汗をかいた。結果として２０２３年は、新たに３件のセーフティネット住宅の登録と供給が可能になった。３件と聞いて、それだけ？　と思われるかもしれない。実のところ私も思った。しかし０件と３件の意味は全く違う。丁寧な仕事をして

3軒の大家さんを説得できた。2024年は新たに10件を獲得する目標を定めた。不動産業や大家さんのネットワークのなかでセーフティネット住宅の経験が伝われば、自分もやろうという人が出てくるだろう。基礎自治体の職員の努力が触媒となり、地域社会のネットワークのなかで化学反応が起きれば、相乗的な効果が生まれうる。「住まいは権利」という土壌をつくり、そのうえでひとり親など対象者を見きわめた持続可能な家賃補助制度をつくり、支援の輪をさらに広げていく。10年後には違う未来が見えてくるだろう。

先日、住宅政策に熱心な区議会議員と話す機会があった。大家さんが単身の高齢者に部屋を貸しにくい大きな理由の一つとして、高齢者が亡くなったときの契約の解除や財産の処分が難しいという課題があり、それを支援する方法を考えなければいけないと話してくれた。行政と議員と地域の事業者の人たちが力を合わせて、命と生活を守る政策を進めることができる。地方政治のおもしろさと醍醐味がここにある。

5

修復しながら前に進む

杉並区長選挙での応援バナーには「児童館守って！」「道路を作らせないで！」とのメッセージが書かれた。

区立施設再編整備計画の見直しと都市計画道路については、区長就任以来、力を入れて取り組んできた問題だ。選挙公約にも、「区立施設の統廃合や駅前再開発、大規模道路拡幅計画など、住民の合意が得られていないものはいったん停止し、抜本的に見直します」と掲げていた。

杉並区の区立施設再編計画の概要は、2章に記した通りだ。公共施設を考えるとき、長期最適・全体最適という考え方がある。長期最適とは、施設をつくって終わりではなく、維持管理のことも考えて持続可能な計画にしなければならないということ。全体最適とは、一部の人の利益ではなく、地域全体のバランスなどを考えなければいけないということだ。

計画が進行するなかで、住民から反対の声があがった。それでも、その声を聞いていたら計画通りに進まないからと、行政の使命感をもって実行されてきた。区長選挙はそれに対して修正を迫ったとも言えるだろう。

区長に就任して、さまざまな壁に直面しながらも、1年ほどで計画の一部改正にこぎつけた。大切なことは、丁寧な検証作業と、それを区民にフィードバックすること、そしてその後の話し合いだった。すべての人ではなくても、多くの人が評価できる点を整理して、今後の進め方について職員と区民が一緒に考える作業であったと思う。

職員のなかでも、自分たちは現代的な区民ニーズ、需要予測、財政効果、施設の継続を総合的に考えて綿密な計画をつくり、住民に丁寧に説明して計画を進めているのに、区民から厳しい意見を言われるのはどうしてだろうと、疑問やしんどさがあったかもしれない。しかし、少数の強固な反対者と思っていた住民たちと、実際に地域説明会で何度も話し合っていったら、彼ら彼女らも自分たち職員と同じように地域の未来を多角的によく考えていることがわかった。

実際には、生活者である市民は、いろいろな意味で真実を知っている。それを表現する場がないだけなのだ。だから行政がなすべき仕事は、住民がより多角的に考えられるように情報提供をして、議論の場をつくることだ。そこから行政と住民の信頼関係が始まると思う。住民のなかには、ときには誤った理解、思い込みや偏りがあるかもしれないが、それはその人が悪いのではなく、行政の情報の共有の仕方に課題があったのかもしれない。

各地での地域説明会を経た後、「公共施設のあたらしいカタチ」と題した対話集会では、回を重ねるうちに職員が自分の考えをグループワークや車座の場で述べるようになってきた。施設再編整備計画の検証は、施設マネジメント担当が音頭を取り、高齢者施策、児童青少年施策、コミュニティ施設担当それぞれが作業部会を設置し検証作業を行なう膨大な仕事だったが、同時に地域のなかで住民と直接対話を重ねることで、職員と住民の距離感が縮まっていく人間的なプロセスでもあった。

住民との対話がすべての出発点

職員と一緒に7つの地域をまわって、説明会を行なった。最初は、いかにも説明会という感じで、こちらの説明に対して住民の批判が噴出した。これまでのたくさんの意見や疑問が、あらためて噴出する形となった。何度も何度も説明会を重ねながら、検証作業を進めていった。

検証が一段落して、計画を一部改正して新しい方針をつくる際の説明会では、学識経験者が2人入って、ワークショップのような形式になっていった。それぞれの計画そのものについてではなく、どのように計画をつくるか、そのやり方について意見を聞きたいとの投げかけに、最初は住民たちは何を話し合っていいのかわからないと困惑したり、学識経験者の情報提供が実情をふまえていないと反発したりした。また、参加者の半分は無作為抽出で送った参加案内に応えてくれた人、残り半分が希望者で、両者には思いにも情報量にも隔たりがあり、ワークショップの運営は参加者を含めて文字通りみんなで苦労した。職員や学識経験者は参加者の意見や要望を聞いて、その場でやり方を変えたり柔軟に対応した。小グループでの話し合いには職員がそれぞれ入り、司会者や記録者としてではなく、住民と一緒に議論に加わった。最後には必ず全員一緒に車座になり、みんなに共有したいことを一人ずつ話した。「私たちは施設のありようを話し合っているけど、実のところ、施設を使う人やコミュニティづくりのことを考えているんだね」という参加者の言葉が印象的だった。

説明から対話へ、プロセスそのものが変わっていくと、住民にも「これからは違うんだ」という実感が湧いてきたようだ。職員とこんなに話ができたのは初めてだとか、職員も一生懸命考えていることがわかったとか、お互いへの信頼が生まれていった。職員も区民も同じように地域のことを考えている、同じ目線に立って話し合えるという感覚ができてきた。

これまで進めてきた計画を修正するのは、容易なことではない。行政としては、修正するための論理が必要だ。２０１４年から綿密な計画に基づいて予算を立て、何年も議会に報告し、承認されてきた計画だ。区長が変わったからといってガラリと変えたら、議会の理解は得られないだろう。

そこで大事になるのが、「検証」という作業なのだ。検証して、従来案の良いところを確認しつつ、課題が見つかったので修正する。この仕事において、職員のチームは根気強くがんばってくれた。そして検証と住民対話を通じて、職員自身が腑に落ちて、これからの方向性を見出すことができたのだと思う。

みんなの努力で「次」につなげる

この道のりは平坦ではない。2章でも述べたように、下高井戸児童館、阿佐谷南児童館、ゆうゆう天沼館、ゆうゆう方南館については、関連している施設整備の遅れや、サービスを停止できないなどの理由から、廃止せざるをえないと判断し、私自身が廃止条例を提案しなければならなかった。当然ながら、地域住民の反対は大きかった。私に失望したという支援者も少なくなかった。

これらの廃止に対しては、区長選挙で私を応援した区議たちも反対していた。そうした反対を押し切っての廃止となってしまった。しかし、だからこそ、ただ廃止するのではなく、次につなげていくことを心に誓い、区議や住民と議論を重ねてきた。

たとえば、ゆうゆう天沼館の機能は、多世代型の施設であるコミュニティふらっと本天沼に移るが、そこには協議会をつくることが決まった。この協議会に、廃止に反対してきた住民たちに入ってもらうことにした。初めは「ゆうゆう館をつぶすために協議会をつくっているんだろう」と言われた。まだコミュニティふらっとが完成しないうちから、これをどのように運営していくかを協議していくことにした。また、区民集会所の統合にもなるので、利用したい人が利用できているかのモニタリングも住民目線で行なう。

「コミュニティふらっとは本来、多世代交流も目的としているが、真の多世代交流とは、単に多世代型のイベントを数回開催するということではない。子どもの居場所をつくり、そこにシニアの活躍の出番を合わせていくことではないか」。そんな話し合いの内容を協議会の議事録で読んだときはうれしかった。施設の再編に反対していた人たちが、納得したわけではないものの、前向きに考えはじめ、それを行政が受けとめる器が少しずつできてきたようだ。協議会の提案で、施設の受付から利用者が過ごすラウンジの見通しがいいように、レイアウトを少し変更することもできた。これまで長い時間をかけて進んできた道から、いきなり急角度の方向転換はできないことを、みんなではないが住民もわかりはじめた。それでも辛抱強く、じっくりと、新しい道を舗装していけるということも。

区役所の隣にある阿佐谷南児童館は、新設の区立児童相談所をつくるために廃止せざるをえなかった。従来、児童相談所（児相）は都道府県の運営であったが、２０１６年の児童福祉法の改正により、特別区は個別に政令指定を受けて児相を設置できることとなった。杉並区は私が就任する前から、子どもを虐待から守るために区立児相設立に向けて何年も準備を進めている。児相の性質上、区役所のそばであることが望ましく、区役所の隣にある阿佐谷南児童館の用地が適地と判断された。児童館の代替地を探す努力も重ねられたが、住宅が密集する南阿佐ヶ谷地区に相応の土地を確保するのは困難を極めた。

児童館の機能は近隣の小学校内に移るものの、学校に行きにくい子どももいる。児童館廃止に反対してきた区議たちは、子どもたちの居場所をなんとかつくろうと、行政との調整を重ねた。そして他自治体の経験を学び、「出前児童館」なるアイディアが話し合われた。近隣の施設をあたり、産業商工会館という区立施設で試験的に、今の児童館の職員が出向く出前児童館を行なうことになった。月に2回だが、ただ児童館が廃止になるのではなく、子どもたちに学校以外の居場所を残す道をつくれた。

児童館を利用していた乳幼児親子の場所も問題だった。近隣の保育園の空いている部屋など、職員が懸命に代替地を探ったが難しく、最後には区役所のなかにスペースを確保することになった。ただでさえ手狭な区役所内にスペースを見出すのは大変なことだ。

児相のために児童館廃止はやむなしとしても、議員たちは単なる反対で終わらせずに、反対する住民に事情を丁寧に説明し、代替できる案が考えられないかを話し合った。職員は、実現可能な具体策を見つけるためにがんばった。それは、0歳から18歳までの子どもを包摂する児童館の価値や、それをつくってきた児童福祉の専門家（児童指導員）の重要さが再認識されるプロセスでもあった。このようなさまざまな努力の後、提出された阿佐谷南児童館の廃止条例は、議会で可決された。

ものごとはこうやって変わっていくんだ、と実感した。児童館の廃止は止められなかったけれど、子どもたちの居場所を守りたい、でも児童相談所の整備を遅らせるわけにもいかないなかで、みんなで道を探っていった。重要なのは、児童館を廃止するかしないかという二者択一の選択肢ではなく、子どもをめぐる環境を俯瞰し、住民と行政が協力して解決の道を見つけることだろう。そういう道筋ができたと初めて思えたのが、このときだった。

子どもたちを支える住民の力

このちょうど1年前の２０２２年11月、就任してからまだ半年も経っていないとき、下高井戸児童館も廃止条例を出さざるをえなかった。ここも就任直後に計画の線引きをした際、止めることができないと整理したものの一つだ。

下高井戸児童館は、多様な子どもたちを受けとめて、とてもよく機能していた。約10年前、逼迫する学童保育の需要に応えることと、乳幼児専用の施設で子育ての初期を支える必要性から、0歳から18歳までの子どもの総合的な居場所である児童館の機能を分ける方針が決まった。原則的に学校内に学童保育を整備し、小学生の放課後居場所事業も学校を活用し、運営は民間に任せる。

ところがその後、コロナ禍を経て不登校が倍増し、発達障害を含む多様な子どもたちを支える居場所が求められるなかで、児童館が再評価されはじめた。厚生労働省の児童館のあり方に関する検討ワーキンググループは2022年12月のとりまとめで、児童館は子どもが自由に利用できることを保障し、遊びを通じた健全育成活動を行なう児童福祉施設のなかで、唯一無二のものであると結論した。

児童館全廃に対する杉並区民たちの危機感は、時代をきちんと読み取っていたのだ。下高井戸児童館の廃止条例が通った後も、保護者や子どもたちからの運動は続き、署名も届けられた。そうしたなかで、乳幼児親子専門に整備された子ども・子育てプラザ下高井戸で週1回、小学生タイムができないかという提案があった。すでに児童館が廃止された成田東地区のコミュニティ施設で、保護者が自主的に施設運営者と協力して行なった方法を応用する形だ。所管による調整は難航した。小学生がいては乳幼児は安心していられないという声。子ども・子育てプラザ職員にも、多様な意見を受けとめるなかでの悩みがあった。

子ども・子育てプラザは児童館の建物を改築転用したので、ボール遊びができる小さな体育館のような遊戯室がある。都市の子どもたちにとって貴重な空間だ。放課後の時間帯は小学生が遊戯室に来て思い切り遊べるようにしてもいいのではないか。もともと児童館は乳幼児も来られる場所だった。学校のある午前中の時間帯には乳幼児が中心で、学校が終わると小学生が中心になっていくというように、自然に空間を共有していた。

結果としては、試験的に週1回1時間に限って、小学生が遊戯室で遊べる小学生タイムができる運びとなった。プラザ下高井戸だけでなく他6つのプラザにも、同様のシェアタイムができた。これは下高井戸児童館廃止反対の運動を粘り強く続けた人たちの成果だ。限定的ではあるものの、子どもの居場所について方針転換がまだ決まっていないなかで、今できることをなんとか職員が努力して導き出した結果だ。

２０２３年冬、杉並区の青少年委員の方たちとの意見交換があった。青少年委員は、地域の教育力向上のために家庭・地域・学校をつなぐパイプ役で、区の教育委員会が委嘱する人たちだ。区長との意見交換会には40人の青少年委員が参加してくれたが、なんとうち39人が女性で、活気や熱気でいっぱいだった。見たところ私と同世代の人が多く、子育てが一段落して地域の子どもたちのために尽力している人が多いようだ。

意見交換のなかで、児童館が多様な子どもたちの受け皿になっている話がたくさん出た。地域でずっと子どもたちを見てきた大人は知っているのだ。彼女たちは特に、中高生の居場所が乏しいことに課題意識をもっていた。私は聞いてみた。「子ども・子育てプラザに学校が終わってからの時間、小学生が来るのって、まずいことだと思いますか？」ほとんどの委員が「いいことだと思う」と肯定的だった。子ども・子育てプラザは、小学生の希望がありみんなでルールを合意できれば、時間や空間を調整して多世代の子どもが使うという柔軟性をもつ道も開けてくるかもしれない。地域によってそれぞれ特性が違うので、多少の差異はあってもよいと私は思っている。

児童館には、学校に行けない子どもたちもやってくる。私立学校の子たちも中学生も来る。子どもの居場所を年齢に応じて機能的に分けるのではなく、乳幼児から高校生までいつでも来られる先進的な児童施設を、子どもたちの自主性もしっかり尊重しながら、杉並区は住民と行政職員がみんなでつくってきたのだ。そのような歴史や価値を今一度評価したうえで、今の時代に必要な要素を加味して、当事者である子どもたちも一緒に居場所を考えつくっていくことができると信じて、私は職員とともに仕事をしている。

下高井戸児童館の廃止は、結果的には大きな転機となった。児童館廃止と学校内への機能移転の方針を見直すべく、杉並区の子どもの居場所の基本方針をつくることとなった。そこでは児童館に賛成・反対という単純な議論ではなく、当事者である子どもの意見を聞き、それぞれの地域にあった多様な居場所を考える方針にしようと、自然と方向性が見えてきた。

さらには、私の公約にある子どもの権利条例を具体化しよう、という気運が生まれ、条例設置も見すえて、子どもの権利を話し合う審議会を発足した。地域の意見を聞きながら1年余りをかけて子どもの居場所方針をつくる取り組みと、子どもの意見を丁寧に聞きながら子どもの権利条例の準備を進めている取り組みは、それぞれ担当する部門が異なるが、その取り組みは両部門でしっかりと連携し合っている。地域で子どもたちを支えること、子どもの視点で政策を考えることが、最重要課題の一つとして意識されるようになってきた。保護者をはじめとする区民が、その種を蒔《ま》いてくれたのだ。

道路は公共空間

区立施設再編整備計画と並んで、地域に大きな影響を及ぼす計画が、都市計画道路だ。東京都の都市計画決定に基づくもので、杉並区では、西荻窪駅と青梅街道をつなぐ補助132号線、高円寺の環七から中野駅につながる補助221号線が事業認可を受けている。後者は私が就任する直前に東京都から認可を受けた。さらに、事業認可は受けていないが、区役所前を走る中杉通りを五日市街道まで延伸する補助133号線もある。これは道路の拡幅にとどまらず、住宅が密集している成田東地区を突っ切る新しい道路計画だ。いずれも幅16メートルの道路で、まちのありようを大きく変える計画に、住民たちが不安の声をあげつづけてきた。

都市計画道路は都市交通ネットワークの基盤と位置づけられている。杉並区は住宅都市で、それよりも細い生活道路が多い。さらに幅4メートル以下の狭あい道路も多く、こういった場所は火災や地震の被害が広がりやすいうえに、消防車や救急車といった緊急車両の通行の課題もあり、家の建て替え時などに地権者の協力を得てセットバックしてもらうという息の長い取り組みが進んでいる。

東京の都市計画道路網は、戦後の復興期に都がつくった計画だ。人口も車も減少する現在、道路ネットワークやインフラを、財政や環境の持続可能性を軸に見直そうというのは、生活者や納税者として健全な感覚だと思う。震災が起きたときを想定し、人命救助と安全性確保のために、道路整備とともに燃えない（不燃化）、倒れない（耐震化）沿道まちづくりを進めることは自治体の重要な使命だ。

加えて、環境と安全を守る未来の都市の姿を構想しなければいけない。そのために必要なのは、正確な情報に基づいて合理的な道筋を見出していくことだ。計画への住民参加は不可欠だし、そのために技術者の協力と情報公開、そして十分な時間がなくてはならない。たとえば、このレベルの災害が起きたら、今のままならこうなる。道路を整備して、これだけ建物の耐震化や不燃化が進めばこうなる。そういったシミュレーションを、技術者だけで専有せず、区民が見てわかる形で共有しなければならない。交通量だけでなく、人口動態に合わせた交通手段の変更予測や安全性、大気・騒音といった環境条件、公共空間の変更にともなう二酸化炭素の排出量も計算すべきであろう。一言で言えば、道路整備の効果を多角的に可視化することで、合意形成の土壌をつくらなくてはならない。

それは本来、都市計画道路をつくる東京都がやるべきことだ。道路を一本つくるのに何百億円もの税金を投入するのだから、目的をどのくらいのお金と時間で達成するのか、それが最適な手段なのか、基礎自治体と地域住民が考えることができる材料を提示しなくてはいけない。

区長選挙の争点でもあった都市計画道路。計画決定しているとしても、みなが納得している状態にはほど遠かった。さてどうするか。職員が頭をひねって生み出したのが、まちづくりのなかで都市計画道路を考え、区長と一緒に議論を深める「さとことブレスト」だ。

ブレストはみんなで自由に意見を出し合うブレーンストーミングのこと。課題意識をもつ人（主には道路計画に反対の人）だけでなく、無作為抽出の手法を使って、近隣の人に案内を出して参加を促した。これを西荻窪と高円寺で始め、後に南阿佐ヶ谷でも行なった。さらには視覚障がい者とのセッションや、近隣の小学校、中学校、大学での拡大ブレストも行なわれた。

これらのブレストの設計は職員が行ない、区とまちづくりに関する協定を結んでいた地元の杉並建築会が進行役を担った。そのおかげで、まちづくりや建築家の専門性が発揮され、世界のウォーカブルシティ（歩きたくなるまち）の事例などが紹介され、参加者の創造力、発想力が広がった。道路を車の通行のためのものに限定せず、公共空間として考えると、さまざまな使い方や、人と人が出会う場、休む場、コミュニティ形成の場としての可能性が見えてくる。

事業認可されていない補助133号線の地元である南阿佐ヶ谷でのブレストでは、「道路をつくることを前提としているのではないか」との懐疑の声もあったが、始まってみると参加者のほとんどがとても冷静に疑問を提起していた。「長年住んでいる住民を立ち退かせて、緑が豊かで閑静な住宅地を壊してまでつくる道路が本当に公共の利益にかなうのか、きちんと示してほしい。それが理解できないなかで、終の棲家と思って愛してきた土地を立ち退けと言われても、納得できない」という声があった。「単に自分の家を守りたいだけではないのだ」と、何人もが口にしていた。「防災のためと言われても、その検討材料が何もない。検討材料をみんながもっている状態のもとで議論しないと、この先を考えようがない」。住民から出てくる意見はまっとうであるだけでなく、地域の子どもたちの遊び場の視点や、現在の狭い道をどのように緊急車両が通行しているかなど、生活に基づいた貴重な情報の宝庫だった。

区の職員は、東京都が施行する事業だから東京都が決めたときに決めた通りに進めればいいと、今までは考えてきた。そのため、東京都から積極的に情報を収集して住民へ開示したり、住民と向き合うこともあまりなかった。しかし岸本区政では、たとえ区が事業主体でなくても、コトは私たちの地域で起きており、影響を受けるのは杉並区民なので、地域主権の精神に則り、基礎自治体が地域住民と真摯に向き合い、事業主体に情報開示や住民との対話を求めるという基本的なスタンスを確立していった。そのために2023年度、2024年度には都市整備部の組織も変更した。この後に続く善福寺川上流調節池事業も、このようなスタンスに基づきやり方を変えた事業の一つだ。

そして２０２４年６月から、西荻窪、高円寺、南阿佐ヶ谷それぞれで、さとことブレストを発展させたデザイン会議が発足した。「(仮称)デザイン会議」という名称は、世田谷区が区民参加型の下北沢駅前開発を10年かけて粘り強く行なった手法に学ぼうとしたものだ。住民と職員が一緒になって、公共空間である道路のありようを防災、環境、安全、子ども、まちづくりの視点から学び、考え、大まかな合意をつくる取り組みが始動する。

治水インフラから流域治水へ

杉並区を西から東へ横断する善福寺川は、区の南側は善福寺川緑地帯として保全され、散歩やジョギングルートとして区民に愛されるだけでなく、野鳥や多様な生物が生息する貴重な流域だ。

しかしながら、区内の下水道は、急速な都市化のなかで整備された合流式下水道(家庭などの排水と雨水を同じ下水管に集める方式)であり、大雨が降ると大量の雨水が下水道に入り、処理能力を超えた水が川に流れ込む。上流の武蔵野市の雨水も流入するので、コンクリートの護岸で覆われた細い川はすぐに増水し、長年にわたって都市型水害を起こしてきた。2005年に発生した「杉並豪雨」では、善福寺川が氾濫し、1600棟以上が浸水する甚大な被害が発生した。その後も豪雨のときには局地的な浸水被害が何度となく起きている。

善福寺川がそそぐ神田川から上流に向かって治水整備を進めてきた歴史があり、善福寺川上流の治水として、川がオーバーフローするのを防ぐため地下に貯水トンネルをつくる工事の着工を区から東京都に求めてきた状況がある。現在、東京都が進めている「善福寺川上流調節池（仮称）」事業は、地下30〜40メートルに約5・8キロメートルのトンネル式の調節池をつくり、大雨の際、増えた川の水をそこに取り込むというものだ。

調節池事業がいよいよ動き出すということで、私がその計画を知らされたのは、2023年の夏だった。事業主体である東京都が都市計画法の手続き通りに、近隣住民を対象に住民説明会を8月23日に行なうと発表すると、関連する地域で驚きとどよめきが広がった。この工事の規模は大きく期間も長い。立坑《たてこう》という直径20メートルの穴を3地点に掘るが、その一つは家屋の立ち退きを要し、残りの2つは子どもたちの遊び場である区立公園（関根文化公園）の一部と、善福寺川緑地帯のなかにある都立公園（通称ロケット公園）の一部ということだ。関根文化公園は、西荻北地域の子どもたちにとって数少ない遊び場で、周辺の多くの保育園の子どもたちが遊ぶ場所。善福寺川緑地のロケット公園は、区民に愛されるみどり豊かな憩いの場だ。

しかも、都市計画決定が半年後に迫っていて、基本設計の入札は実施済み、これから詳細設計の入札が始まるという。にわかに信じがたいスケジュールだという感覚は、私も住民も同じであった。一方、この事業を東京都に求めてきたのは杉並区であり、区立公園を調節池の候補地として進めることは、区が2020年に了承していたことがわかった。

自治体にとって長期的な水害対策の必要性や重要性は言うまでもない。にもかかわらず、1000億円超と言われるインフラ事業が、費用対効果や環境評価、設計、施工方法といった詳細を基礎自治体や住民に知らされぬまま進んでいく。東京都の技術者から、すべての可能性を精査した結果、このルートや施行法がベストです、と一方的に示されて、基礎自治体や住民は課題を共有したり対案を検討したりする機会もないまま、数カ月で都市計画決定される。

この工事には17年かかると言われているが、用地買収のいかんによっては20年かかる可能性もある。20年後の社会のありようは、これまでと相当違うものを想定しなければならない。自然環境や地域社会に大きな影響を与えて、しかも肝心の水害対策に20年かかるという計画。少なくとも、都市型水害を防ぐインフラづくりと同等のエネルギーを投じてすべきこと、できることがたくさんある。雨水が下水に流れ込まないよう、できるだけ地表に浸透させる流出抑制対策をとらなくてはいけない。公共施設の地下につくる浸透・貯留施設、浸透性の高いアスファルト舗装など、今までにも取り組んできているが、それだけでは足りないし、区民に伝わらない。

近年、世界中の都市で、グリーンインフラを活用する新しい流域治水のあり方が模索されている。グリーンインフラとは、自然環境がもつ機能を、社会におけるさまざまな課題解決に活用しようとする考え方だ。たとえばその一つである「雨庭《あめにわ》」は、地上に降った雨水を下水道に直接流すことなく、一時的に貯留し、ゆっくり地中に浸透させる構造をもった緑地のことで、都市型水害を減災する取り組みとして注目されている。

２０２３年後半は、善福寺川上流調節池事業のことに多大なエネルギーと時間を充てた。さまざまな区民との対話集会でこの事業のことが話題になり、多くの区民から疑問や質問の声があがった。東京都は何度か説明会を行なったが、住民の不安は収まらない。杉並区として東京都に、今一度、包括的な説明会をするよう交渉した。都からの情報は限られており分散していたので、区民にわかりやすいよう、区のホームページに情報をまとめた。*

２０２４年1月20日、東京都の担当者が区役所に出向いて、再度の説明会が実現した。１８０人を超える参加者が集まり、「治水事業の必要性を理解するためにはもっと情報が必要」「長年かかるインフラ整備と並行して、流域で雨水を地中に浸透させるグリーンインフラの取り組みを」「巨額を投じる大事業の費用対効果や環境影響評価が必要」などさまざまな質問や意見が出た。予定の2時間を延長し、説明会は4時間続いた。

この間、「杉並の自然を壊さないで!! 工事計画の再考を！」と要求する1万４０００筆以上の署名が都に提出された。説明会での意見も署名の声も建設的なものだ。多角的に情報を知り、治水と環境を両立させる事業に住民が参画する形で、善福寺川流域の未来を考えたいと訴えている。東京都の意見縦覧の際には、異例とも言える５４７件もの意見が杉並区民から寄せられた。

区の都市計画審議会に諮問する際には、区民の不安をできるだけ伝えるようにした。都の都市計画審議会を前に、都知事に丁寧な説明と情報開示を求める意見書を区長として提出した。私は庁内で議論を重ね、治水のためにコンクリート建造物のグレーインフラだけに頼るのでなく、区民や事業者が参画して協力できるグリーンインフラを基礎自治体として進めていく方法を模索した。善福寺川流域の保全や環境教育で活動する地域のＮＰＯや流域治水の専門家とも議論を重ねた。

２０２４年度予算には、グリーンインフラを含む雨水流出抑制対策のための予算を拡充して計上できた。何より重要なのは、東京都の事業であっても、基礎自治体である私たちが主体的に都に働きかけ、区民に情報を伝えていく役割を果たそう、という考えを庁内で共有できたことだ。地域社会においては、トップダウンの都市計画のありようを疑問視

＊　「善福寺川流域の浸水対策について」
https://www.city.suginami.tokyo.jp/guide/machi/chisui/zempukujigawashinsuitaisaku/index.html

するだけでなく、都市洪水を軽減するためのインフラの必要性を理解し、学びながら、長期的、包括的、建設的な意見を出し、区民が参画して問題解決を図ろうとする成熟した住民運動の姿を見た。

２０２４年２月には東京都の都市計画審議会に諮問され、そこでは杉並区民や区の意見がしっかり伝えられたことも議事録に示されている。計画は賛成多数で承認されたが、事業の進め方は変わっていくと確信している。杉並区は区立公園の代替地を求める最大限の努力をするし、都に情報を求めながら、都と杉並区民と一緒にグリーンインフラを含む雨水流出抑制に取り組んでいく。

行政と住民や民間事業者との協働で、グリーンインフラの実践場をつくっていくことに、私も職員も期待している。区民参加で雨庭をつくり、子どもたちも関わって、浸水のデータをとり、大雨のときにどこで浸水が起きるのかを観察し、下水工事を含めた丁寧な改善を行なっていく。行政と住民が協力して知恵を出し合い、地道な治水対策を協働で行なっていく。これは地域コミュニティづくりにも貢献するに違いない。善福寺川上流が、都市におけるグリーンインフラを活かした流域治水のモデルになる未来をめざし、着実に行動

善福寺川流域にて住民たちは長い間、調査や環境保全運動を続けている

していく。

京都市や世田谷区での先進的な事例に学び、2024年の夏からさっそく雨庭のワークショップなどの取り組みが始まった。都市の治水について、みんなで学び、協力者を募り、多くの人が参加して汗をかき、安全で豊かな善福寺川流域をつくっていく。基礎自治体には、そのようなゆるやかな枠組みをつくっていく力がある。

6 議会も変わった！

2023年4月、杉並区議会議員選挙での投票率アップを呼びかける「ひとり街宣」。

187票の僅差で区長になった私は、区議会ではほとんど孤立状態だった。区長選挙を通じて私を応援した政党・会派の議員は圧倒的に少数で、公約に基づき政策を進めることは簡単ではなかった。

そうした状況に風穴を開けるチャンスが、2023年4月23日投票の杉並区議会議員選挙だった。区長選挙によって生まれた変化を、ここで止めるわけにはいかない。そのためには、投票率を大きく上げなければならない。

「区長は変わった、次は議会だ」が、いつのまにか区民たちのスローガンになっていた。

投票率アップの「ひとり街宣」

選挙に先立つ4月3日から14日まで、公務が終わった後の夕方に、私は区内の駅前に立ち「ひとり街宣」を行なった。

ひとり街宣というのは、文字通り自分ひとりで街頭に立って宣伝することだ。区長選挙のときに私の支援者が、私のまわり切れないところでも宣伝しなければ、という必死の思いから、自分ひとりで駅頭に立ち、岸本聡子のポスターをサンドイッチマンのように掲げてくれた。そのスタイルを受け継いで、区議選の投票率を上げるための呼びかけを、今度は私が一人でやることにしたのだ。

投票率を上げるため、できることは何でもやろうという思いだった。とはいえ、区長であることで、できることはかなり限られてくる。「区長が自ら街頭で訴えるなんてすごい」と激励の言葉もいただいたが、私としては、いろいろな制約のなかでできることをやったにすぎなかった。

有権者の反応はおもしろかった。足を止めて話を聞いてくれる人もいるし、SNSを見てわざわざ来てくれる人もいる。ひとり街宣なので、大がかりな設備などなく、私はマイクを使わずに訴える。そうすると、自然とみんなが周りに集まって、質問したり、話しかけたりしてくれる。「その話、みんなにも聞かせてあげて！」と私が促して、参加者のスピーチが始まる。こうして結果的に、対話街宣のようになった場所もあった。

いちばん印象的だったのは京王線の桜上水駅だ。桜上水は世田谷区との区境にあり、駅そのものは世田谷区に位置している。杉並区民も駅を利用しているが、区議選や区長選の街宣では候補者があまり行かない場所なのだ。「たまには桜上水にも来てください！」というツイート（現X）を見つけたので、予定を変更して行くことにした。そのためか、わざわざ足を運んでくれた人も多かった。

神奈川県の相模原から来てくれた若い女性は、こんな話を聞かせてくれた。自分は家族のことでずっと悩んでいた。自分のせいだ、自分で解決しなくちゃいけないんだと苦しかった。それが社会や政治の問題だと気づいたとき、自分は一人ではないとわかった。そのことが自分の励ましになり、自分も社会を変えていく力になりたいと思ったと。そういうことを自分の体験から話してくれたことに、私も心を動かされた。

埼玉などからも人が来てくれて、杉並区で起きている変化に多くの人が希望を寄せていることをあらためて実感した日々だった。

政策に合意する候補者の応援

もう一つ、区議選で私が行なったのは、19人の候補者の応援だった。私の掲げるビジョンを前に進めるためには、それを共有する議員を区議会に増やさなければならない。とはいえ、具体的に候補者の応援をするかどうかは、最後まで悩んだ。

私の支援者には、反対する意見もあった。区長と区議がそれぞれ直接選挙で選ばれる二元代表制においては、互いに緊張関係をもたなければならないというのがその理由だ。それは全くその通りだが、基本的なビジョンや政策を共有し、それを前進させるために協力関係を築くことは、互いのチェックを怠らない緊張関係と十分両立しうるものだろう。

そのことよりも私が怖かったのは、応援した結果として、ただでさえ少ない岸本区政を支える区議が一人でも議席を失ったらどうなるかということだった。そうなれば、今後の区政にとっても痛手になる。

だが最後には、腹をくった。何もしないで結果を受け入れるよりも、何かやって、結果を出すしかない。

最終的には、現職の区議全員と、区長選で私を推薦した政党（立憲民主党、日本共産党、れいわ新選組、社会民主党、緑の党グリーンズジャパン、杉並・生活者ネットワーク）に以下の「政策合意書」を送り、これに合意する候補者を応援するという提案を行なった。

＊　＊　＊

政策合意書

岸本聡子は、２０２３年４月23日に施行される杉並区議会議員選挙において、○○○○さんと以下の政策について合意を交わします。これら政策を具体的に実現していく段階においては、すべての議会会派や区民からの多様な意見を取り入れながら、共に議論を深めながら進めていきます。

1. 杉並区における住民自治と地方自治を「対話と参加」によって深化させる
2. 気候危機を喫緊の課題ととらえ、「環境先進都市・杉並」をめざす
3. 「子どもの権利」を基本に、「子どもの利益最優先」で、子ども・教育政策に取り組む

4. ジェンダー平等と多様性ある社会を実現する
5. 「誰ひとりとして置き去りにしない」、すべての人にやさしく温かい杉並を創る
6. 人と人の普段からのつながりで、防災に強い地域社会を創る
7. 「選択的夫婦別姓」や「セクシャルマイノリティ権利保障」に反対してきた旧統一教会との関係を持たない

＊＊＊

一般に、首長が自分に近い政党や会派の候補者を選挙で応援するのはよくあることだ。しかし私の場合、「分断から対話へ」と言っているのに、区長選で自分を推薦した政党だけを応援するのでは筋が通らない。そのため、選挙で推薦をしてもらったかどうかにかかわらず、未来の社会を思考する大きな政策で一致できる人は、政党や会派に関係なく、時間の許すかぎり公平に応援するという形をとった。また、ここで挙げた7項目は、政策というより大きなビジョンであり、イデオロギーや政党によって分断が生じるようなものではないだろう。公平でみんなにわかる透明性の高い応援をしようと心がけた。

選挙を盛り上げた住民たちの動き

しかし、何と言ってもこの選挙で重要だったのは、私ではなく住民の動きだろう。なかでも象徴的なのが、異なる政党の候補者が集まって行なわれた「共同街宣」だ。立憲民主党、日本共産党、社会民主党、れいわ新選組、緑の党グリーンズジャパン、生活者ネットワークや無所属の候補者が駅前に一緒に並んで、次々にスピーチをする。集まった人たちの質問に候補者が答える。共同街宣はさまざまな個人やグループの協力で形になっていった。選挙期間中の後半にかけて何回も行なわれ、私も可能なかぎり駆けつけた。

選挙運動では、候補者も支援者も、小さい世界ばかり考えがちになる。自分の地域で一票増やせるか。選挙戦の後半になるほど、支援者を中心に一票一票を獲得する競争になる。

しかし、この区議会選挙にはたくさんの新しい候補者が出たため、共通の思いをもっていても政党が違えば、票の奪い合いになってしまう。そもそも従来型の選挙で無所属の新人が闘うのは困難だ。私と政策合意を交わした19人の間でも、一票を取り合う結果になっ

2023年4月の杉並区議会議員選挙では、区民が「共同街宣」を呼びかけ、さまざまな候補者が一緒に街宣を行なった

てしまう。投票者数を全体として増やさなければいけない。政党や会派を超えてみんなで投票率を上げないと、誰も勝てないかもしれない。そういう危機感が高まり、そのための動きが市民主導で生まれていった。

そのクライマックスが、選挙期間最終日の共同街宣だったのだと思う。投票日の前日には、自分の地域で最後のお願いに駆けまわるのが普通だが、そうではなく、みんなで集まり、区議選があることを有権者に訴えた。候補者それぞれの闘いであるだけでなく、みんなの闘いであること、それは杉並の住民自治を前進させるための闘いであることを、有権者に届けようとしたのだ。

2023年4月の杉並区議会議員選挙では、投票率のアップをめざし区民のグループが全候補者の政策を比較できるウェブサイト「杉並区議会ドラフト会議」を立ち上げた。候補者にアンケートをとり掲載。有権者が関心ある政策や地域、年代などのチェック項目を入れていくと、自分に合う候補者に絞られていく

今から思えば、私のひとり街宣や候補者応援も、そうした流れに合致していた。

共同街宣の他にも、市民の創造的な動きが選挙を盛り上げた。私のように投票率アップのためにひとり街宣をする人たちもいた。いろいろな表現やツールを通じて、区政が自分たちの生活に関わっていることを実感できる、おもしろいと思える、そういう選挙になったと思う。

パリテ議会を生み出した力

結果としてこの区議選は、投票率が43・66％で前回（2019年）より4・

19ポイント上がり、投票者数は2万人も増えた。なかでも30代女性の投票率は8・64ポイントも上昇した。その結果、女性の新人候補者が多く当選し、女性が半数を占めるパリテ議会（女性24名、男性23名、非公表1名）が実現した。48議席のうち新人は15人（31％）、女性が24人（50％）、得票数の上位4人はすべて新人女性だ。そして現職議員が12人も落選した。

なぜこのような結果が実現したのか。やはり、この選挙で杉並の民主主義をさらに前進させよう、区政をもっと自分ごとにしていこう、という市民たちの動きが、いろいろな取り組みや表現を通じて、多くの人に伝わったからだと思う。

それは、この一回の選挙だけでなしえたことではない。東京8区で無敗を誇ってきた自民党前職の石原伸晃さんを吉田はるみさんが破った２０２１年の衆議院選挙があり、私の区長選があり、そしてこの区議選を迎える過程で、政治や選挙がどんどん自分ごとになっていったのだ。吉田さんが選挙で勝ったのはすごいことだが、それで終わりではなかった。国会でいまどんな議論をしているのかを、衆議院議員となった吉田さんが地域に持ち帰り、地元の人たちに伝えつづけ、国の政治と地方の政治は地続きだという認識が有権者に共有されていったのだろう。

区議選では、私が応援した女性候補だけでなく、他にもさまざまなバックグラウンドをもつ女性が立候補し当選した。等身大の候補者がたくさんいて、自分と距離が近いと感じることで、選挙や政治が身近になる。自分の「推し」を探そうと、政策を見たり候補者に質問したりする。誰に投票するか決まっていない大多数の人たちが選挙に参加すれば、低い投票率のまま組織票がものをいう結果にはならない。

投票率が伸びた30代女性は、本当に象徴的な世代だと思う。非正規労働の人も多く、ジェンダー平等がほど遠い社会で、家庭でも組織でも理不尽な経験を重ねている。社会人としてキャリア形成をする時期に、結婚するかしないか、子どもを産むか産まないか、今の仕事でいいのか、どこに住むのかといった、その後の人生を決めていくような選択を、厳しい環境のなかでしていかなくてはならない人も多い。そういう人たちが、自分がしんどいのは自分だけのせいではなく、誰が何を決定しているか、つまり「政治」に関係しているんだと気づき、自分はそれを変えることができる一人なんだという、政治に対する希望のようなものが伝わったのではないかと思う。

もちろん、一つの選挙だけで社会は変わらない。政治も社会もなかなか変わらない。それでも、孤立や自己責任から少しだけ解放され、自分のしんどさが社会のありようにつながっていると思える、関わろうと思える、そのきっかけが重要だ。

女性新人議員たちの存在感

この区議選で当選した新人議員のなかには、私の区長選挙をボランティアとして支えてくれた女性たちもいた。私がベルギーから杉並に来たのは区長選の直前で、ほとんど知り合いがいないなか、選挙戦を通じて急速に仲良くなった友人たち。彼女たちが区議選に挑戦することは、もちろん私が勧めたことではなく、彼女たちが自ら決断したことだった。私のことを区民として支えるだけでは足りないという思いが、区議選に出る決意につながった一つの理由だっただろう。本当に尊敬するし、うれしいとしか言いようがない。

しかし、理由はそれだけではなかったはずだ。自分が代表者になるという選択肢など、今まで考える機会がなかった女性は多い。「やってみなよ」という声がかかる機会が圧倒的に少ない。言われたとしても仕事が忙しいし、家族のケアもしている。家族は何と言うだろう、資金はどうするのか、仕事をやめた先は……？　障壁はあまりにも多い。今回立候補した女性たちは、保育士、カフェ経営者、フルタイムで仕事をしながら子育てや介護をしている人、大学の研究者など、それぞれが精一杯の生活者だ。そういう人たちにとって、自分自身のキャリアとして、区議をめざすのもありだと思えたからこそ、今回の挑戦があったのだと思う。

新しい社会課題は複雑で、一つの分野で完結することがないので、行政の縦割りアプローチの変更を迫る挑戦であることも多い。気候危機は災害の頻発化だけでなく、人々の健康にもつながっている。女性への暴力や女性の健康、子どもの人権、マイノリティの権利や若者の社会参加、一人暮らしの高齢者の増加と社会的孤立、そうした新しい社会課題を政治のテーブルに載せるには、政治的なリーダーシップが必要だ。多様な社会問題を反映する、多様な問題意識をもった人たちが構成する、多様性のある議会が健全だと私は思っている。

そんな多様性のある議会をつくりたい、そのために勇気ある一歩を踏み出した女性たちがたくさんいた。有権者にとっては、自分の経験や感覚に近い人が楽しそうにがんばっている姿が心に響いたと思う。

議会に多様性があることの意味

私は長年の杉並区議会を知っているわけではないので、かつてと比べることはできないが、女性議員が多く当選し、パリテ議会が実現したことで、議会に多様性が増したのは確かだ。「新しい景色を見よう」は区議選のときに自然発生的に生まれたスローガンで、私も含め新人女性候補者が口にした。

市民の命と暮らしを守り支える自治体は、防災、産業振興、教育、福祉、まちづくりや都市整備など、限られた財源ですべてをバランスよく進めていかなくてはならない存在だ。今までの区政の重要課題に加えて、人権に基づくジェンダー平等や環境問題を重視する女性首長のもとで、女性の非正規労働、生理の貧困、高齢女性の貧困といった問題でも、当事者性から来る真剣さや重みが表現され、決して軽視されることなく討議されるようになったのではないかと思う。

地方政治には長年の積み重ねがあるし、それぞれの会派が長年をかけて実現しようとしている政策や、区政に関わるさまざまな団体の多様な要望もたくさんある。それらが相互に関連してじわじわと進んでいくのが地方議会であり、国政のような与党野党の対立は比較的少ない。優先順位ややり方に違いがあるとはいえ、全体として住民生活や福祉を支えていくために前進する。

しかし、社会が急速に変容しているなかでも、政治の代表者たちは固定化されがちだ。属性や年齢の多様性も乏しい。若者の生活苦をいちばんわかっているのは若者だし、ケア労働の現場の経験からより良い介護、保育、福祉の政策が生まれてくるだろう。右／左や保守／リベラルといった分類よりも、新陳代謝と多様性のある政治かどうかが重要だ。そうした政治は社会の変化に敏感であり、政策立案の質が向上し、成熟度が高まっていくと私は思っている。

それはとりもなおさず、有権者の成熟度と関連している。意識的に代表者を選出し、選出した後もその政策と働きを監視し、次の選挙で審判を下す。有権者と代表者の緊張感ある関係が、風通しのよい政治をつくる。総じて日本社会の閉塞性や停滞感は、社会のさまざまな意思決定の場で多様性が著しく低いことに、多くの理由があると思う。この点だけにおいても、杉並区でパリテ議会が誕生した意味は大きい。

新しく議員になった人たちは、自分たちの問題意識や専門性を駆使して、議会で質問をぶつけている。議会人としての経験が浅くても、専門性をもって論理的に議論を組み立てる力をもっている人はたくさんいる。

たとえば、ゼロカーボン社会をめざす杉並区の政策を進めようとするブランシャー明日香区議は、気候変動がどれほど喫緊で避けて通れない課題であるか、国際的な背景、国や都の政策も押さえたうえで、地方自治体として何ができるのか、具体的な提案をもって質疑を展開する。気候危機が明らかに迫りくるなか、やるかやらないか迷っている段階ではなく、どれくらい前倒しでやるかが問題だ、と力強い。彼女は区役所が使用する電力の（当時）約19％が再生可能エネルギーで、２０２１年度以降、非化石証書を購入することで徐々に再エネ比率を増やしてきたものの、なぜ今すぐ１００％にできないのかと問うた。さまざまな資料や統計をもとに、できない理由がわからないので教えてほしいと質問した。

区では温暖化対策実行計画に基づく再エネ導入拡大の計画があり、当時、その一環として、遊休区有地を活用した太陽光発電設備導入に関する調査を行なっていた。もしその設備を導入する場合は、本庁舎等の電力の一部を自家発電によってまかなう構想があったが、調査の結果、当初の想定より大幅なコスト増になるなどの理由から同事業は実施しないこととなった。このことを受けて、本庁舎の施設維持管理を所管する経理課が、あらためてブランシャーさんの質問に応じて検討した結果、太陽光発電設備導入よりも経費が抑えられ、スピード感のある取り組みとして、非化石証書を追加購入することにした。議員がしっかり調べて、職員もあらためて検討して、２０２４年度秋の電力会社との契約から、区役所の調達電力は１００％再生可能エネルギーに切り替わることとなった。環境にも財政にも合理的な政策が、新人議員の活躍でスピーディーに実現したのだ。

住民による監視が議会の質を高めていく

一方で、こうした変化に対する反動は大きい。この原稿を書いている今、新生議会が誕生してから1年が経ち、4回の定例会を一周した。どの議会においてもさまざまな形で、区長である私に対しても、議員どうしの間でも、政策論議には直接関係のない、個人に対する非難や攻撃が繰り返されている。

新人女性議員6人を含む8人が、2023年9月に「杉並区議会におけるハラスメント防止措置を求める申し入れ書」を議長、副議長に提出した。「議会での不規則発言（いわゆるやじ）は、発言に関することへの疑義や、指摘の範疇であれば許容できるものもあるかと思うが、『集団で笑う』『威圧的な言葉や大声で指摘する』『ミスの揚げ足を取る』などの行為は当人だけでなく、周りの議員や理事者（特に新人や女性）を委縮させます。また、何の注意もない中では、同じように笑ってよいのだ、暴言を吐いてもよいのだという同調圧力を生じさせる作用もあり、その場全体に健全ではない空気を蔓延させます」と指摘し、議会は議員や理事者（区の職員）にとっての職場なのだから、他の職場と同じようにハラスメントは許されないと訴えた。

私自身について言えば、政権交代とも言える区長の交代で、議会の多数派から政策や政治姿勢、能力を厳しく問われる試練は当然のことだと思っている。私に対する不安も当然で、議会を一つひとつ重ねながら、政策を議論し、進めていくなかでお互いの信頼を少しずつつくっていくしかない。だからこそ誠実にいい仕事をして成果を出さなくてはいけないと思っている。だが、議会の品位を貶《おとし》めるような個人攻撃や誹謗中傷は、誰に対してもあってはならない。

議会の本来の役割は、議員が質の高い質問をして、執行部である行政とさまざまな交渉や議論が行なわれ、切磋琢磨しながら区政を良い方向に進めていくことのはずだ。しかし、地方議会は住民にいちばん近い公共政策の意思決定の場であるにもかかわらず、ひとたび選挙が終われば有権者から見えにくい存在になっている。杉並区議会は、新しい議員の奮闘や区民の努力で可視化が進んでいる。私が就任した後、区議会には毎回、多くの住民が傍聴に足を運んでいる。インターネットで視聴する人も多い。区議会での議論をオープンにし、有権者の目にふれるようにすることが、議会の質を高めていくことにつながっていくだろう。

7

杉並は止まらない

区議会議員選挙の候補者応援で街頭に立っていたとき、20代の若い女性たちに話しかけられた。区長選挙のときに映像作家のペヤンヌマキさんがつくった動画「〇月〇日、区長になる女。」（のちに同タイトルの映画も公開された）を、失恋した直後に繰り返し見て、励まされ元気が出たという。私の挑戦がそんな形で役に立つとは思ってもみなかったので、とてもうれしかった。

私や杉並区の女性たちのがんばりが、他の地域に住む女性たちを勇気づけることができる。桜上水駅のひとり街宣に来てくれた女性が「自分の苦しさは自分だけのものじゃない。社会と政治につながっている」と涙ぐんだ姿が重なる。

就任してから、韓国の人気ＳＦ作家であり弁護士のチョン・ソヨンさんと「そろそろ政治の話をしよう」という対談をした。彼女は１９８３年生まれ。２０２３年に日本語でも出版されたエッセイ集『＃発言する女性として生きるということ』（ＣＵＯＮ）は日韓で話題となっている。「自分ができる範囲でいいので、勇気をもって発言してほしい。まずは声をあげて、連帯すること。共鳴が大きな力になっていく」と語る彼女が印象的だ。

日本の作家のアルテイシアさんの文章も以前から好きで注目していたが、彼女たちが主催するジェンダーしゃべり場にゲストとして呼ばれた。ジェンダーしゃべり場は性差別、セクハラ、結婚や子育ての悩みなど、ジェンダーにまつわる日々のモヤモヤについて気軽におしゃべりする集まりだ。ここでも共感、共鳴がキーワードだった。一人のモヤモヤは社会のありようにつながっている。言葉にすることで連帯や協力が生まれ、小さくてもいいから自分の居心地のいいコミュニティをつくり、社会とつながっていくことができる。

点から面に変えていく

私が連携する機会が多いグループに、FIFTYS PROJECTがある。「政治分野のジェンダー不平等、私たちの世代で解消を」をスローガンに、20代・30代の女性、ノンバイナリー、Xジェンダーの立候補を支援する団体だ。２０２３年４月の統一地方選挙では29人が立候補し、24人が当選した。女性なら誰でも支援するということではなく、性差別と性暴力をなくす理念と政策を具体的に掲げ、これに合意することという明確な基準を設けている。若年女性の候補者がぶつかる共通の壁をともに乗り越えるネットワークでありコミュニティだ。候補者を応援することも大切な行動で、若者の政治参加のコミュニティをしなやかに明るく力強く広げている。

FIFTYS PROJECT代表の能條桃子さんは、私と同じくローカルイニシアティブネットワーク（ＬＩＮ－Ｎｅｔ）[*1]の世話人の一人なので、活動の場で一緒になることが多い。ＬＩＮ－Ｎｅｔは、世田谷区長の保坂展人さんや多摩市長の阿部裕行さんたちが呼びかけてできた、首長と自治体議員と市民をつなげるネットワークだ。

ＬＩＮ－ＮｅｔとFIFTYS PROJECTに共通しているのは、「政策でつながる」ということだ。ＬＩＮ－Ｎｅｔは「地域主権でコモンの再生を」を大きな傘として5つの柱を掲げ、自治体を超えた首長や議員の水平的なつながりをつくろうとしている。

1 「地域主権と民主主義」を実現します

2 気候危機をストップするため、自治体と地域の力で取り組みます

LIN-NETのシンポジウム（2024年4月）。保坂展人世田谷区長、玉城デニー沖縄県知事らと地域主権をテーマに議論した

3　「ケアを社会の真ん中に」位置づけます
4　人権を尊重し、多様性を認め合う社会をつくります
5　市民と行政が共に参画する街づくりを進めます

保坂さんの言葉を借りれば、「ノーだけでなくイエスをつくる」。政策を具体的に進めていくために、学び合ったり協力し合ったりできる枠組みだ。

そういう信念をもった首長や若手、女性議員を、飛躍的に増やしていきたい。その

＊1　ローカルイニシアティブネットワーク（LIN-Net）　https://lin-net.wraptas.site/

ための真剣な努力が重ねられているし、可能性も見えている。こうした連携が進んで、それに共感する地方議員たちともつながっていければ、かなりの強さを発揮できるはずだ。

国会にしろ地方議会にしろ、女性議員の割合があまりにも低い。それを半分に近づけていくのは、社会の多様性を議会に反映させるという、ごく当たり前のこと。女性の議員が増えることで、議論の幅や熱量が変わることを、私は杉並区議会で実感した。ケアワークや労働、生理の貧困、性暴力を生まないための包括的性教育、若者の支援とエンパワーメント、防災における女性のリーダーシップなど、経験に根ざした当事者性をもった議論が生まれるからだ。不平等や差別を受けやすい属性の人たちこそ、政治の場にいなければならない。

気候区民会議で参加型民主主義を実践する

杉並区で第1回の気候区民会議が2024年3月に始まった。気候市民会議は、無作為抽出で選ばれた市民が、気候変動対策について有識者のサポートのもとに熟議を重ね、そこから生まれた提案を政策に生かすというものだ。本格的なものは、2019年にフランスで国レベルで始まったもので、抽選で選ばれた150人の市民代表が、市民の目線で気候変動対策を議論し、149の政策を政府に提言した。そのねらいは、温室効果ガス排出量を2030年までに1990年比で40％以上削減することにある。

以降、気候市民会議はヨーロッパを中心に急速な広がりを見せ、すでに十数か国で国レベルの会議が開かれた。地域レベルでの気候市民会議は、北米や南米、日本も含めた各地で行なわれ、少なくとも200以上に及ぶと、名古屋大学の三上直之教授は話す。三上先生は杉並区の第1回の気候区民会議で招かれた専門家の一人だ。日本では札幌市を皮切りに、川崎市、武蔵野市、つくば市など、すでに14の例がある。

気候区民会議の設置は私の重要な公約だった。他の自治体で経験を重ねてきた事業者の支援を得て、その設計に1年をかけた。温暖化対策担当の職員が、文字通り汗をかいてがんばった。無作為抽出で選ばれた5000人の区民に、気候区民会議の意義や目的を示した招待状を出すと、199人が「参加したい」と応えた。そのなかで年齢、地域、性別のバランスを考慮して80人の区民を選び「ミニ・パブリックス」をつくる。ミニ・パブリックスとは、無作為抽出などの方法を使って、ある社会の縮図となるよう一般の人たちを集めて話し合い、その結果を政策決定などに用いる市民参加の手法の総称だ。

私は第1回の気候区民会議に出席し、どうして杉並区が気候区民会議を開催するのか、自分の経験をふまえてスピーチした。

＊　＊　＊

1992年にブラジルで地球サミットがあったとき、私は高校を卒業する直前でした。地球環境問題が国際政治のなかできちんと認識された会議です。地球温暖化京都会議（COP3）が開催されたのは1997年。科学者たちはもう何十年にもわたって、人間の活動によって温暖化が進んでいることを指摘しつづけています。

そういうなかで、私は大学生として環境問題に強い関心をもちました。気候変動は「南北問題」だということにも気づきました。資源を使いつづけることには限界があるのに、なぜ、貧しい南の国と豊かな北の国の使用しているエネルギーや資源の量にここまで差があって、ここまで貧富の格差があるのか。さらには、有限な資源を持続可能な形で使うには、将来世代のことも考えなければいけない。これは政治・経済的な課題だと考えました。

大学卒業後、1997年のCOP3に向けて、日本全国にある大学の環境サークルと協力して1年間、私たちが生活を変えればどのくらいCO_2を減らせるかというキャンペーンを行ない、その結果を日本政府に届けました。行動に参加した若者たちは、日本全国から京都に自転車で行くことに決めました。国外からも若者たちが合流し、神戸港から京都まで一緒に自転車で走りました。

そして、最後にこの若者たちが行なった国際会議のテーマが「気候正義」でした。気候変動問題は、問題をつくりだす側と、その影響を受ける側に差があり、不公正がある。それは国や地域だけではなく、世代間でもある。気候変動問題は私たちの社会のあり方、経済のあり方、文明のあり方を根源的に問う問題であり、未来を生きる若者たちが声を出さなくてはいけない。大変な問題だけれども、未来をつくっていく行動なんだ、社会を構想していくことなんだ、これをみんなでやっていかなければならないと、私はこの活動のなかから力を得て、今に至っています。気候変動問題は、私の生きざまそのものだ。そういう気持ちで区長になりました。

COP3以降、国際政治は何をしてきたか。残念ながら、失われた20年間だったと私は思います。2018年、当時15歳のグレタ・トゥーンベリさんが、学校を休んでスウェーデン議会の前に一人で立つ、気候のための学校ストライキを始めました。彼女の行動は瞬く間に若者に広まって、「未来のための金曜日（Fridays for Future）」は世界的な運動になりました。このときから気候変動問題が、本来的な意味で国際政治の場に戻ってきました。

深刻化する温暖化によって、人類や地球にとって後戻りできないティッピング・ポイントに達してしまう危機的な状況に私たちは生きています。それを回避するために、2030年に世界の二酸化炭素排出量を半減させる必要があると、IPCC（気候変動に関する政府間パネル）が警告しています。若者の運動によって再び国際政治の場に戻ってきたこの気候危機問題を、私たちはしっかりと受けとめなければいけません。

私たちの生活や産業の基盤は地域にあります。頻発化する自然災害、常態化する猛暑は、公衆衛生と命の危機に直結しており、自治体が気候変動問題を直視することが必要です。自治体は化石燃料を地域でつくる再生可能エネルギーに置き換え、脱炭素の地域経済と地域社会をつくっていく未来を選択することができます。

気候変動問題は緊急かつ複雑で、ラディカルな課題です。選挙のサイクルに左右される政治家と違い、また縦割りになりがちな行政とも違って、市民は問題解決のために自ら学び、長期的な視点で、自由に考えることができます。社会的な変革をともなわなければいけないこの課題について、本質的に合意をつくっていけるのは、市民の力だと私は思っています。

＊＊＊

2024年8月、区民の熟議を経てまとめあげられた33の提案「ゼロカーボンシティ杉並の実現に向けた意見提案」を私は区長として受け取った。それは包括的かつ具体的なものであるだけでなく、それらに自分たちが区民として貢献、参画したいという熱意がこもったものだった。重要なことは、区がすでに取り組んでいるさまざまな施策に追加していく発想ではなく、気候区民会議の経験をきっかけに杉並区と杉並区民が気候変動へ向き合う新たな手法を切り拓くことだ。今回の気候区民会議を通して、私たち全員が気候危機に対して個人的かつ集団的な責任を負っており、脱炭素化へ向かって早急に社会のあり方を変えていく必要があることについて、多様な区民がともに考える土台をつくることができた。

提案に示された5つの全体方針のなかには、「個人の我慢ではなく、社会を大きく変える仕組みを考える」「将来世代に負担をかけない行動をとる」「地域間の不公平を生まない」といった基本姿勢が謳われている。これらは今後具体的な事業を検討するうえで大切な道標になっていくだろう。気候区民会議の本質を今後も引き継いでいくためには、継続的な区民参画の仕組みをつくっていく必要がある。今後、組織横断的に議論を進める気候危機対策推進本部において検討を行ない、参加者だけでなく区民に説明責任を果たすべくしっかりとフィードバックしていきたい。

区民参加型予算も始まった

参加型予算とは、市民の意思を行政に直接反映させるため、予算の編成に市民が直接関与する仕組みだ。ブラジルのポルトアレグレ市で1989年に始まり、その後ブラジル各地のみならずウルグアイやアルゼンチンなどの南米諸国や、スペイン、フランス、ドイツ、ポルトガルなどヨーロッパ諸国、米国、カナダ、韓国にも広がりを見せている。参加型民主主義の具体的なツールであり、「さとこビジョン」にもこれを掲げた。

２０２２年7月に就任したときには、翌２０２３年度の予算編成の準備はすでに始まっていたが、参加型予算をモデル実施しようと政策経営部が知恵を絞った。数年前に創設された森林環境譲与税は、森林整備およびその促進に関する費用として自治体に譲与されるもので、杉並区は譲与額が６０００万円ほどある。この使い道のアイディアを区民から募り、参加型予算の手法で決めることにした。

初めての取り組みで、周知期間も短い。区民からの提案は来るだろうか。職員も私も手探りだった。区民参加型予算についてのワークショップを開催し、無作為抽出された区民に案内を出して参加者を募った。そこには10代の若者も参加してくれた。ワークショップは3時間で、参加型予算について学び、森林のない杉並区が日本の森林を守るためにこの予算で何ができるか、グループワークで模擬的に提案づくりをした。このワークショップから実際の提案が出てきたらうれしいね、と職員と話していたが、それが現実となり、ワークショップから7つの提案が提出された。

最終的に、区民提案は全部で57集まった。私はこれらの提案を宝物だと思った。区の呼びかけに応えて、参画してくれる人がたくさんいる。自治体は公共政策を通じて区民とキャッチボールをする仕組みをつくれる。57の提案は関係所管で精査され、統合できるものは統合し、10個にまとめられた。

これらについて区民投票を行なった。オンライン投票がメインで、一人3つの提案に投票できる。年齢制限はなく、子どもから大人まで投票を呼びかけた。2637人が投票に参加し、投票総数は6991票。その結果、以下の3つの事業に対して、約2600万円の予算が翌年度の予算に計上されることになった。

●区立公園に木製の遊具やベンチを設置

●歩行者が気軽に利用できる木製ベンチをまちなかに広める（民間事業者、地域団体や区民がまちなかにベンチを設置する場合に、費用を一部支援）

●広域避難所である大規模公園にかまどベンチ（災害時にかまどとして使えるベンチ）をつくる

この経験を経て、2024年度も参加型予算を継続する。今年はどういうデザインに

杉並は止まらない

するか。職員が「防災はどうでしょうか」と提案してくれた。災害に強い地域づくりのために平時から何をすべきか、区民の創造的なアイディアを出してほしい。そこで私は、防災と他のテーマとを掛け合わせたらどうか？　と提案した。たとえば、防災×居場所？　防災×都市農業？　防災×メディア？　そうしたら職員は、防災に掛け合わせるテーマは、区民がそれぞれ考えたらいいのでは、と答えた。「それ、いいね！」今回は「防災×《かける》〇〇《まるまる》」で区民提案を募集することになった。

区民参加型予算で決定した使途のうち「木製ベンチをまちにつくる」に申請して自宅前にベンチを設置してくれたご夫妻

　どこの自治体でも、住民の最大の関心や心配は災害だ。自治体は災害時の備蓄やハード整備など、計画的、継続的に取り組んでいる。町会・自治会が中心となる防災会などの自主組織や消防団が、地域防災の不断の努力を続けている。しかし、担い手の高齢化や不足は深刻だ。大都市での災害に対する備えは、地域に顔の見える関係がどれだけあるか、災害を自分ごととして備え行動できる市民がどれだけいるかが鍵となる。参加型予算の手法を使って、地域防災を強化する提案を区民から募る。予算は約６０００万円。提案一件の最大予算額は２０００万円で、３件を区民投票で決める。昨年度からの改良も重ねて、今年は区民の１％にあたる５７００人に投票してほしいと、私は自分の目標を定めた。

区役所では、状況も時間軸も異なるたくさんの課題に、いつも追われている。飛んでくるボールをひたすら打ち返すような毎日。起こってしまった問題への対応やリスク管理に、胃が痛くなる事案も頻発する。一日一日が緊張の連続だ。苦しいこと、つらいことは多々あるが、それ以上にうれしいことが増えてきた。こんなふうにアイディアがカタチになっていくとき。ミーティングで話し合った課題意識をもとに、担当所管の職員から次の提案が出てきたとき。それをさらにブラッシュアップして、いつどのように議会に提案するのか、戦略を練る。新しい取り組みを、地域社会のなかで住民と職員が一緒に進めていく。

区役所のなか、議会での討議、地域社会での区民との対話や協働。行ったり来たりしながら、時間がかかることだけれど、問題意識を共有して話し合い、少しずつ前に進んでいく。

オープン・ガバメント──開かれた政府へ

「対話の区政」の本旨は「住民自治」の実現にある。今から20年以上前の2002年に公布された杉並区自治基本条例[*2]は、次のような前文で始まる。

「地方自治とは、本来、そこに住み、暮らす住民のためにあるものであり、地域のことは、住民自らが責任を持って決めていくことが、自治の基本である」

私は公約の最初に「杉並区の『憲法』とでもいうべき、『杉並区自治基本条例』に則って行政を進めます」と掲げたが、この本に書いてきたすべての努力はここにつながっていると思う。

＊2　全文は本書巻末に掲載。

そして、対話の区政の基盤となるのが「情報」だ。区民と行政の相互信頼の基盤となるのが情報であり、その根底にあるのは、行政が区民を信じることだ。行政への区民の信頼を確立するために、まずは行政の透明性を高める必要がある。

デジタル・トランスフォーメーション（DX）という言葉が使われはじめて久しい。デジタル基盤整備を行なうこと、さまざまなサービスをオンライン化すること、デジタル化に適応しリードする人材を育てること、デジタルデバイドの対策を講じることは、自治体にとっても重要かつ必須の仕事だが、これだけならトランスフォーメーションとは言えない。地方自治体にとってのその意味は、行政の透明性を飛躍的に向上させ、住民と行政との間に信頼を築くことだ。国や自治体が持っているデータを共有財として、誰もが利用可能な形で公開し、公共に資する新しい開発計画づくりや、民間と行政の協働を可能にすること。当然、自治体は個人情報を守る重要な主体だから、住民のプライバシーなど基本的権利を侵害するリスクがある技術を導入してはならないし、ビッグデータが特定の事業体の利益のために使われることも避けなければならない。

私は公約に、杉並区が情報公開ナンバーワンをめざして「透明性のある区政をつくります」と掲げた。区政の情報は区民のものであり、対話の区政を可能にするのは行政による情報開示だ。対話の区政と情報公開、DXは緊密な関係にある。

2009年に米国のオバマ大統領が国民との覚書によって提唱したオープン・ガバメント（開かれた政府）は世界に広がった。それがオープン・データ憲章となり、2013年のG8サミットで合意された。日本政府も取り組みを進めている。オープン・ガバメントの3つの基本原則は、1. 政府の透明性、2. 市民の参加、3. 公民の連携だ。このような考えに基づいて、杉並区のデジタル推進化計画を発展させ、情報開示に基づく対話の区政を前進させたいと考えている。

民主主義をアップデートする

行政と区民との協働を可視化、ネットワーク化する公民連携プラットフォーム「すぎなみプラス」が1年の準備を経て始動した。地域課題に取り組むグループは区内に多々あり、すでに子ども食堂、おとな食堂、高齢者や認知症の方々の居場所づくりなど、市民の自律的な取り組みがある。行政はすべてを自分たちだけでやろうとせず、人々が人々をケアするこういった取り組みを認知し、伴走し、必要な支援をともに考えなくてはいけない。そのためには、行政職員はまちのなかに入り、多様な区民と顔の見える関係を構築しながら、区民の行動が発展できるよう社会的な基盤をつくるべきだ。それに際して、デジタル・プラットフォームは、双方向的なコミュニケーションや全体の可視化を可能にする。

現在、すぎなみプラスにはこんなコンテンツが並ぶ。この背後には、仲間たちとともに自ら行動するたくさんの区民がいる。

協力募集【ミモザの花〜子どもの不登校を考える会】不登校の子どもたちが安心して過ごせる街へ

記事「まちの保健室」立ち上げの進捗を報告します！

協力募集【グリーンバード高円寺】環境問題を楽しく身近なものに変えていく活動をしています！

記事【開催レポート】すぎなみプラス交流会を開催しました！

協力募集【明治大学】大学生の視点を活かし、共に地域活動を企画・運営しませんか？

協力募集【成田エリア×高齢者】小さなサポートサービスを広げるアイデア募集！

新規プロジェクト【成田エリア×高齢者】「小さなサポートサービス」を広げたい！

協力募集　子育て支援・子ども虐待予防等へ「まちの保健室」立ち上げへの協力を募集！

新規プロジェクト【子育て】子育て支援・子ども虐待予防等のため「まちの保健室」をつくる！


新生「区立施設マネジメント計画」もスタートした。計画前の段階で、利用者・住民と職員が公共施設をめぐる地域の課題を共有し、計画づくりを行なう地域ワークショップが3地域で始まった。都市計画道路からまちづくりを考える「(仮称)デザイン会議」もいよいよスタートした。

就任して最初に立ちはだかった都市計画道路。担当チームと何度も何度も話し合い、職員と一緒に幾度となく地域に出向いて話し合いを重ね、議会での討議を経て、2年間でここまできた。以下はデザイン会議の始まりの会の私のあいさつだ。ともに取り組んできた道路担当のチームは、２０２４年度から「沿道のまちデザイン担当課」に生まれ変わった。

＊　＊　＊

この会議の大きな目的は、自分たちの地域のことは、自分たちが関わり、将来にわたって責任をもって自分たちで決めていくという「住民自治の実現」です。

そして、地域課題を自分ごととしてとらえる区民を一人でも多く増やし、「参加」から「参画」へ、そのような仕組みをつくっていきたいと思っています。

対話によってさまざまな意見や考えがあることを知り、それを一人ひとりが受けとめながら、一緒に将来のまちを考えていくことで「大まかな合意」に至る。その過程がとても大事だと思っています。

都市計画道路事業はまちに大きな影響を及ぼします。事業について、区に届いている心配の声に寄り添い、事業の目的を共有して、共通の情報をもとに学び、議論して、少しずつ解消していければよいと思っています。また、道路整備に関するまちの声を区や都の道路部署にしっかりと伝えていきたいと思っています。

高円寺、西荻窪、南阿佐ヶ谷のデザイン会議は今日一緒に始まりますが、それぞれ地域事情は異なり、それぞれが発展していきます。

「何を達成するために道路整備が必要なのか」「道路整備によって何が変わるのか」「道路という公共空間を活かしてどのようなまちにしたいのか」「他にどんなことが必要か」など、区と区民が一緒に学び、考えます。防災、交通と移動、子どもやすべての人の安全、環境、まちづくり、財政など多角的な検討の場をデザインしていきましょう。次の世代、そのまた次の世代のために、今を生きる私たちが責任をもってまちを考え、つくっていくことが大事です。

私は、区民の力を信じ、みなさんとともに「いいまち」を創っていきたい。

今日はそのための大切なスタートです。今日集まった全員がなるべくたくさん話して、そして他の人の話をよく聞いてもらって、そのなかで多くの意見、アイディアを出してもらうことを通じて、一緒に未来をつくっていきましょう。

昔ながらの未来のまち、杉並

区長になって約2年。この短い期間に、区役所で、議会で、地域社会で、濃厚な学びと挑戦を続けてきた。それは今日も明日も続いていく。

そのなかで、さまざまな考えや立場の違いはあっても、多くの人に共通しているものって何だろうかと考えてきた。その一つは、多くの人が、みどり豊かで商店街が元気な杉並のまちを愛しているし、誇りに思っているということだ。生活者はコンクリートの高層ビルのひしめきを求めていない。杉並の何が素敵かといったら、昔ながらの商店街があって、建物が低くて、緑があって、歩いて生活できる。これは結果として残ってきたものだが、とても未来的なのだ。

東京の多くの地域は、街をおしゃれに近代的につくり変えることを進めてきた。林立するタワーマンション、それを取り囲む画一的な商業空間、きれいに整備された公共空間。高所得者にとっては何でも便利にアクセスできる快適な巨大都市。いわゆるジェントリフィケーション（gentrification）だ。

大都心から少し離れた、23区のいちばん西にある住宅都市・杉並。杉並が愛されて選ばれているのは、商店街があって、お風呂屋さんがあって、自転車を直してくれる自転車屋さんが点在し、個性のあるレストランや飲み屋さんがあって、高齢者がゆっくり歩けるまちだから。高齢化がますます進むなかで、歩いて近所の商店で買い物しながら会話ができる、ウォーカブルな（歩いて楽しい）まちが、介護予防にもいいということを証明したい。

地球温暖化が進むにつれ、都市部のヒートアイランド現象はさらに悪化している。夏は暑く長くなり、暑さに関連した救急搬送は増える一方だ。都市において樹木の傘はクーラーとなり、たった1本の木でも、周囲の温度を下げる効果があることが研究により明らかになっている。樹木を守り増やすことは、人が生きられる都市（リバブル・シティ）であるために重要かつ緊急だという認識が、世界中で広がっている。商店街を守る、緑を守ることは、保守的な政策では全くなくて、むしろ未来のまちに戦略的に移行していくというイメージなのだ。杉並ではそれができる。

狭い道路は、杉並の静かな住宅地や景観をつくっている側面も大きいが、一方で災害な

杉並は止まらない

どの非常時に命を守れるかという面からも考えなければならない。建物が倒れないことや、徒歩で避難できる場所があること、緊急車両が通れるかどうか。広い道路をつくるには長年の時間がかかるし、まちを大きく変容させる。道路拡幅だけに頼らずに、どうやって区民の命を守るのか、専門家の力を借りて、職員と住民とともに取り組んでいく。科学とデータに基づく防災政策が必要だ。オープン・ガバメントに基づく都市基盤情報の蓄積・公開は、科学的な検証を可能にする。

地域に生きる人たちの暮らしを支え、人権を守り、自治の力を信頼すること。縮小してきた公共の領域を再生し、地域の人々をつなげる基盤にしていくこと。気候変動と災害、高齢社会といった将来を見すえ、ケアが潤沢にあるケア中心のゼロカーボン社会を一緒に築いていくこと。そのために、政治の場で多様性を実現し、議論と協働によって合理的な意思決定を行なっていくこと。そうした転換の必要性に、多くの人が気づいているからこそ、杉並は変化を起こしてきたし、これからも前に進んでいくだろう。

今年度、文化交流課のもとに多文化共生担当が誕生した。国籍や民族などの異なる人々が、互いの文化的違いを認め合い、対等な関係を築こうとしながら、地域社会の構成員として共に生きていく。当たり前の多様性が尊重され、ジェンダー平等が浸透し、国際性に富み、子どもが幸せな社会。緑の日陰が広がり、そこには多様な生物が生息する。そんな昔ながらの未来のまちを、住民と一緒につくっていきたい。杉並は止まらない。

おわりに

土曜日の小雨のなか、南荻窪に新たに誕生した「いこいの森」の開設式に行った。屋敷林の所有者から区が無償で借り受け、将来にわたり屋敷林を残すために、区が樹木の管理を引き受ける。そこは市民が自由に立ち寄れるいこいの森として開放される。

杉並区のみどり、とりわけ大きな樹木は、お屋敷や社寺にあることが多い。近年、古くからのお屋敷は相続等のときに売買され、マンションが建設されたり細分化された土地に戸建て住宅が建つことが多く、そのときに樹木も消えていくなか、この土地は所有者の申し出のおかげで、住宅地のなかにそびえたつ樹木、群生する植物、まちの歴史が刻まれた小さな森が後世まで残ることとなった。区は借り受けたこの貴重な森を、区民共通の財産として守りつづけていく。

私はやわらかい土を踏みしめながら、これがコモンズ（共有財）なんだなと、高くそびえるヒノキの木を見上げた。区民と自治体はそれぞれの力を出し合い、コモンズを守り、育てていくことができるのだと感じた。気候変動の影響はもはや無視することも否定することもできない。暑くなりつづける都市空間に樹木があること、それを増やすことの重要性は、確実に共有されていくだろう。

就任して間もない頃、小学生が「夏休みに家族で花火がしたいのに、できません」と区のイベントのときに話してくれたことがあった。これをきっかけに現状の公園のルールを学んだ。公園の利用について、たとえば散歩で犬と一緒に公園に入りたい人もいるし、犬は入ってほしくないという人もいる。子どもの遊ぶ声でさえも、住宅がひしめく都市部では騒音として苦情が寄せられる。その後、公園のルールについてあらためて整理し、利用者や子どもたちから丁寧に意見を聞き、データを示し、あらためて区民と対話の機会をもった。結果的に、夏休みに家族など少人数での花火は届け出をしなくてもできるようにするなど、公園の新しいルールを試行実施することになった。

公園は誰にでもわかりやすい共有財、誰のものでもなくみんなのものだ。一つの正解はないが、みんなで理解し合い、譲り合い、大切な公共空間である公園をどう管理していくか、行政と住民にとって大切な自治の練習だと私は思う。

本書でも紹介した区民参加型予算で区民が提案した、木製ベンチをまちなかに広める事業の〝第1号〟となるベンチがこの夏、区民のお宅の道沿いに設置された。背もたれに「ご自由にお座りください」と書かれている。「どうぞのいす」だ。お年寄りや障がい者、小さな子どもを連れた人、荷物をひととき下ろして休息する人。誰もが自由に休憩できるベンチがまちなかに増えてほしい。公共用地だけではスペースの限界があるが、区民が協力できる仕組みを自治体はつくることができる。歩きたいと思うまち、ゆっくりでやさしいまちをつくっていきたい。

参加型予算は1989年にブラジルのポルトアレグレ市で、貧困対策にあたって現実をいちばん知っているのはコミュニティの住人だという考えで初めて創設された。市民社会の強化、行政における透明性の向上、社会的公正の改善などの効果から、多くの国々や自治体の注目を集め、その後、53カ国に広まった（2019年）。35年を経て、遠く離れた杉並に蒔いた参加型民主主義の小さな種をしっかり育てていきたい。

就任後、初めての議会で述べた所信表明を読み返す。地方政治から自治に基づく民主主義を区民と一緒に創っていこうという私の気持ちは全く変わっていない。「私に投票しなかった多くの人の意見をより意識的に聴く対話の区政をつくっていく」ために、さまざまな方法でたゆまず努力を続けていく。

政治に関心がない、見たくないと思う人は多いが、政治に関係のない人はいない。生きづらさは自分の責任ではなく、それを言葉にしていいと思える社会にしたい。今まで区政に関わらなかった人たちが関われる環境や、意見を交わし合える安全なスペースを地方自治体はつくることができる。地方自治の現場で、民主主義をアップデートしていこう。今まで選挙に行かなかった人が選挙に行ったことで見えてきた、新しい地方政治の景色。決して平坦な道のりではないが、私たちは未来に続く種を蒔き、芽を育て、踏みつけられてもたくましく育てていく。

二〇二四年一〇月

岸本聡子

資料

1　所信表明（2022年9月12日杉並区議会第3定例会）

2　杉並区自治基本条例

資料1

所信表明

2022年9月12日　杉並区議会第3定例会

初めての区議会にあたって

本日、開かれました区議会は、6月の杉並区、区長選挙後初めての定例会となります。この機会に、今後4年間にわたる私の区政運営に臨む所信を申し上げたいと思います。

冒頭に一言申し上げます。私の区長就任の直前であった7月8日に、安倍晋三元内閣総理大臣が暴漢に狙撃され、ご逝去されました。いかなる理由があろうと、テロ行為による言論封殺は決して許されるものではありません。心からご冥福をお祈りするとともに、ここに謹んで哀悼の意を表します。

さて、私は、「区民の声を区政に活かしてほしい」という多くの人に支援されて当選しました。杉並区民57万人の命と暮らしを守るという大きな使命と責任をもち、常に区民のための区政を行なっていく覚悟です。
今回のコロナパンデミックのなかでは、迅速かつ、きめ細やかなコロナ対策を講じることが全世界の自治体の最優先の仕事となっており、杉並区においても、パンデミック以降、医療崩壊を防ぐための区内病院への緊急包括補助をはじめとした多くの取り組みが、議会のみなさんと行政との協力関係のなかできわめて迅速に、また的確に実行されてきたことを、区長就任後にあらためて学びました。これまでの関係者のみなさまのご尽力にあらためて感謝を申し上げますとともに、私も、このコロナ禍において、区民の命と暮らしを守ることを最優先に取り組んでいくことをお誓いいたします。

あらためて、このたびの選挙を振り返ると、わずか187票差という僅差での当選でした。私は、このことを重く受けとめ、私に投票されなかった区民の声や思いをより意識的に聴き、対話と理解を深めたいと思います。このため、幅広い住民からの提案をお聴きすることに最大限の努力を傾けてまいります。

区長という、私にとって未知の領域に足を踏み込むうえで大切なことは、まずは、地域の課題や行政について幅広く職員や議員のみなさんからしっかりと学ぶことです。それが、対話を大切にする区政をめざす私には、良いスタートだと考えています。対話と共有は住民と行政の関係においてはもちろんのこと、議会との関係を含め、杉並区が物事を進める原則として掲げたいと決意を新たにしております。

選挙の公約で掲げた「さとこビジョン」は、私を擁立した区民の要求から出発した構想です。選挙期間中に、地域でさまざまな団体や街頭から寄せられた声も考慮して、多くの方々と共同で練り上げてきたものです。しかし、一気に実現できるとは考えてはおりません。就任から2カ月経ち、庁内各部から重要課題のレクチャーを受けたり、会議に出席して職員や関係者の方々と意見交換を行なったり、さまざまなステークホルダーと面談するなかで、私がこれまで知りえなかった課題を知ることができました。

大切なことは、これまで区が取り組みを進めてきたことについて、策定されている計画を十分に考慮して、優先順位や緊急性、実現可能性、期待される効果といった観点から仕分けを行ない、そして実行していくことだと感じています。行政の継続は、区民生活の安心の要でもあり、良いものをしっかりと残し、育てながら、修正が必要な点は職員や議会と協力して行なっていきたいと思います。その際には、区民生活の最前線で働く職員のなかで「これは変えたほうがいいのでは」「これは、こうやって変えられるのではないか」など、声を出しやすく、そして、そのような声が活かされる組織づくりをしていきたいと考えています。

就任後の職員との議論

就任後、各部の職員とのミーティングを行ないました。それぞれの課が重要課題や進行している計画に関する丁寧な資料をつくり、説明をしてくれました。そのなかでは、私が選挙で公約に掲げた「さとこビジョン」の関連項目についてピックアップし、現在の計画と矛盾したり衝突したりする場合には、今後どのように進めていくのか、具体的な提案が記載された資料も含まれていました。

言うまでもなく、行政が仕事をしている分野はとても広く、私が一朝一夕で精通できるわけもありません。いろいろな考えや立場の違いはあるうえで、杉並の新しい時代の幕開けであることを、部長を中心とした幹部のみなさんが理解したうえで、部や課での議論を経て、苦心して資料をつくってくれた様子がしっかりと伝わってきました。まずは区政の現状と課題をしっかりと学び理解を深めてきたところです。

そのうえで、各部からの説明が一段落した8月下旬には、まる3日間かけて、30カ所を超える区立施設や、まちづくりの現場におもむき、施設の現状に加え、これまでの区政の蓄積や成果を見聞し、認識を深めることができました。

今後は、問題解決の道筋について、区民や議会のみなさまとも真摯に議論を重ねてまいりたいと考えております。そして、真の自治のまちを築くべく、あらためて、自治基本条例に則った区政運営を進めていきます。特に区民の区政への参画と協働、区民が区政の情報を知る権利を、これまで以上に尊重したいと考えております。

自身の経歴や考え方

私、岸本聡子は、5人きょうだいの2番目に生まれ、大田区で12歳まで、その後は横浜市都筑区で大学卒業まで過ごしました。小中高は公立校に通い、私立大学に進学しました。大学在学中からＮＧＯで環境運動に関わり、代表を務めた後、卒業後はそこで職員として働きました。この頃から、環境問題と社会的不平等を同時に解決しなければならないという認識に至り、その後の25年間、仕事、生活、社会的な活動を経て、今に至るまで私の信念と行動原則となっています。

大学卒業後は渋谷区と練馬区に住んでいました。平成12年、２０００年末に出産し、数カ月後に渡欧しました。その後、今年3月に至るまで、20年を欧州で過ごしました。

この間、２００３年にトランスナショナル研究所という国際政策シンクタンクの研究員となり、水道事業の民営化についての検証を開始しました。途上国だけでなく、先進国でも進んだ水道事業の民営化は、透明性と説明責任を犠牲にして推進され、行政や住民への財政的な負担が上昇する現象が各国で報告されはじめ、私はそのことについて、丁寧に調べてまいりました。

そして、すべての人に必要な水道サービスの向上のために、民営化手法よりも行政、労働者、地域社会が一体となって推進する道が望ましいと判断するに至ったことから、そのための国際的な学びと実践のネットワークをつくりました。そこで10年以上にわたる調査活動は、水道だけでなく、電力、医療、教育、通信、地域交通、廃棄物回収や福祉などの多岐にわたる自治体の公共サービスのあり方を検証する作業に発展しました。

近年の歴史を見ますと、２００８年のリーマン・ショックを発端とする世界金融危機は、国際的な金融資本体制の脆弱さと無責任さをさらし、ヨーロッパだけでなく中東、北米、南米などで、格差社会への、ひいてはエリート階級の支配する政治経済への不満が吹き出しました。しかしながら、金融危機を引き起こした銀行を公費で救済する一方で、金融の規制や経済の民主化は進みませんでした。このような失望のなかから生まれてきた新しい運動が、ミュニシパリズム、地域主権、積極的市民民主主義です。これは、国家や超国家による新自由主義的な政策によって傷んでしまった地域社会と地域経済を再構築しようとする、従来の保守革新を超えた運動です。言いかえれば、国際性、多様性、気候変動、フェミニズムといった新しい価値を取り入れながら、新しい地域自治と豊かな地域経済を志向する運動とも言えます。

そのなかで、先進的な自治体において、先に申しました公共サービスの脱民営化もしくは再公営化が主要な戦略となっていきました。私たちの長年の調査がそのような運動のなかで重宝されました。

私は、２０１９年にFuture is Publicという国際的なネットワークをつくりました。Future is Publicを日本語で直すと「公共の再生」かもしれません。これが、このたびの区長選で使用したキーワードの一つであり、有権者、特にケアサービスを担っているエッセンシャルワーカーの心に響いたと確信しています。そのことは、タウンミーティングや駅前広場で対話を重ねることなどを通じて、はっきりと伝わってまいりました。

今まで選挙や政治の場で声を出さなかった個人が、通りや駅前広場で生活の苦しさや生きづらさを話しはじめ、共有する場になっていったのです。

私は、カリスマ的なリーダーではありません。ケアセクターを担う女性や市民団体、労働組合、公営企業のマネージャー、共通の思いをもつ自治体の首長、地方議員と、国会議員やＥＵ議員をつなげる土俵づくりという、縁の下の力持ち的な、地味な仕事をコツコツと行なってまいりました。

こうした経験から、時間がかかるかもしれませんが、ビジョンと目的を共有して多様な立場の人が話し合って一歩一歩進んでいく、杉並区に置き換えれば「区民のための区政を行なう」という大きな目標を共有して、対話と協力の組織的な文化をつくりたい、分断と競争を乗り越えたい、そうした思いを強くもっています。

重視したいテーマ

ここからは私自身がとりわけ重視したいテーマについて、現状認識を総論的に申し上げたいと思います。

●気候変動問題と防災

5月に杉並区環境基本計画が策定されたことをたいへんうれしく思っています。私は、区が宣言した「ゼロカーボンシティ宣言」を非常に重く受けとめています。これで国も東京都も杉並区も2050年までにゼロカーボンシティをめざす足並みが揃いました。

環境基本計画において、2030年までに温室効果ガス排出量を、2000年度比で50％削減するカーボンハーフを目標に設定していることを私は高く評価します。非常に重要な国際政治課題である気候変動問題は、気温の上昇を1・5℃に抑える努力を追求するという、世界共通の人類の挑戦です。今まで通りの温暖化防止政策、たとえば自然エネルギーを増やしていくとか、ごみを減らしてリサイクルするとか、節電とか、ライフスタイルの変更とか、もちろん、これはこれで重要なのですが、このような従来の取り組みだけで達成できる目標だとは思っていません。この国際的な目標は、今までの温暖化防止政策の範囲を超えて、社会、経済、都市計画、土地利用、産業構造の変革を迫る人類の壮大なチャレンジであるととらえています。現代の社会のあり方そのものを問うのが気候変動問題だからです。

このような世界全体の重要な課題に対応するためには、区内外の専門家の協力が不可欠です。国内外の先進自治体の政策を調査したり、区内の事業者や研究者と連携して技術を開発するチーム体制を構築したいと思います。この挑戦に、特に女性の潜在的な力が発揮されるよう工夫します。そのために、外部の研修への参加を支援したり、会議への派遣を積極的に行ないたいと思います。

さらに申し上げれば、ゼロカーボンという大きな目標に目線を置いて、杉並区のまちづくりを始動させたいと思います。このため、今まで通りの計画を遂行するという発想を転換しなければならないと考えています。就任後、初めて出席した都市計画審議会の場で、杉並区の新たなまちづくりの考え方に、ゼロカーボンシティをめざすという大きな方向性を盛り込んでいきたい、ということを申し上げましたところ、委員の方々からは「それを道路や公園、施設の整備、さらには土地利用といったまちづくり、都市計画のレベルに落とし込んでいくためには、具体的な数値目標や工程表が必要ではないか」という趣旨のご指摘をいただきました。道路や建物をつくるときや解体するときに発生するCO_2（二酸化炭素）の排出量の算出方法の開発は、官民で進みつつあります。一朝一夕に解決することは難しい課題ではありますが、大きな目標に挑んでいくなかで、しっかりと検討を進めていきたいと思っています。

気候変動の影響で否応なく増える異常気象もそうですが、いつ起こるかわからない首都直下地震も、区民を脅かす脅威であり、防災対策は57万区民の命と暮らしを守らなければいけない私たちの共通の緊急課題です。

道路拡幅は少しずつ進めているとはいえ、これから数年、場合によっては数十年かかります。防災対策はまさに喫緊の課題ととらえ、道路拡幅に過度に依存しない防災対策が必要です。建物の不燃化、耐震化を着実に進めるとともに、ゼロカーボンの視点から、断熱化の推進についても公共政策として、早急かつシステマティックに進めてまいります。

●地域社会

杉並区の強みは、長年培ってきた小学校区を中心とする地域社会です。学校運営に地域社会の住民が積極的に関わっている杉並の歴史と今を知りました。先日開催された総合教育会議でも、教育委員のみなさんと一緒に杉並区の教育ビジョンについて話し合い、「学校づくりは地域づくり」であるという思いを共有しました。その一つの側面が、防災の拠点でもある学校と、いざ発災した際に力を発揮する地域の人々のネットワークづくりであることが確認できました。防災面にとどまらず、人が集う学校が、よき地域をつくり、そして地域が学校を支える、そうした関係性をさらに強化していけたらと考えております。

学校以外にも地域には、地域における子どもたちの拠点である児童館があり、また、高齢者の活動の拠点であるゆうゆう館がある。加えて、杉並区には、元気な商店街が駅前だけではなく区内全域に点在するのです。古くから杉並に居を構えている方にも、また、新しく杉並に移住された若い世代に対しても、商店主のみなさんは、それぞれのお店を中心に、深く広い顔の見えるネットワークをもっておられます。

そして、地域の産業を担う土木建設会社は区と防災協定を結び、災害のときなどに専門性を活かして迅速に地域住民を守る態勢を整えています。区と地域のなかで活動するさまざまな主体が、しっかりと連携し、防災や気候変動、地域産業の育成など、いろいろな課題解決を行なえる態勢を築いていくことが、今、まさに求められていると強く思うところです。

区政運営の基本姿勢

ここで、私がこれから区政運営を進めるにあたっての基本姿勢について申し上げます。

●基本構想、総合計画

現在の基本構想は、コロナ禍にあって区民20名をはじめとした、40名を超える審議会委員の参画のもと、1年以上にわたる議論のうえで策定されたものと認識しています。また、内容についても、今後10年程度の社会経済環境の変化を見すえ、脱炭素化に向けた取り組みや、多様性を認め合う地域社会の構築、デジタル化による区民生活の質の向上など、今日的に重要な視点を盛り込んだものとなっていると感じています。私自身、この基本構想は尊重していかなければいけないものと受けとめています。

一方で、基本構想の考え方を具体化したプランである総合計画、実行計画については、時代の変化に柔軟に対応するために、必要に応じて、毎年度修正する仕組みがビルトインされています。そこで、今年度は、私の就任にともない、緊急的に対応すべき内容を中心に、部分修正を行ないたいと考えています。そして、この計画は3年ごとに見直しを行なうことになっておりますが、公約の実現などを念頭に置き、本来予定されていた令和6年度の見直しを1年前倒しし、来年度に行なってまいります。

●情報公開

私は、対話の区政の重要性ということを、選挙戦を通じた中心的なテーマとして訴えてきました。そのための前提となるのが、区政の情報を区民のみなさんに幅広く共有していくことであると考えております。もとより、区政の情報は区民のものであると考えておりますので、こうした認識をもとに、情報公開、情報発信を飛躍的に向上させ、情報公開度ナンバーワン、透明度ナンバーワンの区政をめざしてまいります。

●財政、参加型予算

職員から、区政の現状と課題を聞いていくなかで、先行き不透明なときにおいて、持続可能な区政運営を進めるためには、基金で一定の備えを蓄えつつ、安定した財政基盤を維持することが必要であるとの認識を新たにしました。しかし、一方で、区民にとっては区財政がどうなっているのかを自分ごととしてとらえる機会があまりにも少ないように感じています。区財政を、区民一人ひとりが身近に感じていただくために、私は、区の予算の一部の使い道を住民自身が提案し、住民自身の参加で決めていく「区民参加型予算」の導入が有効ではないかと考えています。導入に向けた検討に着手し、できるだけ早期に導入していきたいと考えています。

●民間委託

最少の経費で最大の効果を挙げることは、自治体運営の根幹の原理であり、自治基本条例にも明記されております。区政運営にあたる私自身、肝に銘じる必要があると考えています。

一方で、そのための方策についてては、たとえば民間委託をしたほうが常に安く収まるし、実施効果も高いといった固定化した観念に縛られることなく、個別にしっかりと精査し、検証するなど、柔軟に考えていく必要があると受けとめております。

●エッセンシャルワーカー、区職員

今回の選挙で、一定の有権者の心をとらえたのは「公共の再生」という考え方やビジョンだと思っています。今まで選挙や組織に関わることのなかった看護師さんや保育士さん、学校の先生が、たくさん街頭に来て、コロナ禍における切実な現場の話を聞かせてくれました。コロナ感染症パンデミックという危機を、人類が同時に経験しているなか、区職員の一人ひとりが、2年半に及ぶ現在進行形の危機に、必死に懸命に職務に当たってきました。このことに最大の敬意を表します。世界のなかで命と暮らしを守るために、医療、衛生、福祉、介護、教育、保育、清掃、流通などで働くすべてのエッセンシャルワーカーに対する気持ちと同様に、区の職員に対しても感謝の気持ちでいっぱいです。

私は区立施設と区の職員は「コストではなく、杉並の財産です」と訴えてきました。職員が最高の力を発揮していくためには、できるだけストレスの少ない、風通しのよい働きやすい職場づくりは急務だと思っています。あらゆる種類のハラスメントのない、すべての職員が安心して自分の能力を発揮でき、区民のために働ける職場づくりを進めます。女性やさまざまなマイノリティが働きやすい職場は、誰もが働きやすい職場です。時間がかかるとは思いますが、より多くの女性職員が課長になりたい、部長になりたいと思える、挑戦できる環境の醸成に向け、私は最大の努力を傾けていきます。また、会計年度任用職員の待遇の改善にも、積極的に取り組んでいきます。職員を大切にすることが、区民により良いサービスを提供する大前提だと私は思っています。こうした認識のもと、部長・課長クラスだけでなく、現場に近い職員や若い職員、女性職員の話を聴く、ランチミーティングを今年度中に月に2回、合計16回行ないます。もちろん、その対象には区の大切な仕事を担っている会計年度任用職員も含まれることをあえて申し述べておきます。

●議会

議会についても一言申し述べます。区民に対する思いに与党、野党の別はありません。誠実な答弁を心がけます。その前提としてすべての会派に等しく可能なかぎりの情報を提供します。区民のことを第一に考える地方自治の場で、与党、野党の構図はなくしていきたいと考えています。二元代表制という地方自治の本旨に立ち帰り、自由闊達で生産的な議論を闘わせてまいりたいと考えています。

公約に掲げた主要な政策

それでは、ここからは、「さとこビジョン」で掲げた6つの主要な政策分野に沿って、今後、進めていきたいと考えている主な取り組みをお話しします。

●子ども

1点目は、「子どもの視点で、子どもの育ちを支えます」に関した取り組みです。

まず、すでに日本政府が批准している児童の権利条約の理念や、今年6月に制定された、こども基本法の考え方に基づき、杉並区において子どもの権利条例の制定をめざしたいと思います。制定にあたっては、すでに条例を制定した61の他自治体の経験から学び、杉並区の子どもたちの「生きる権利」、「育つ権利」、「守られる権利」および「参加する権利」を保障する、良いものにしたいです。そして制定に際しては、当事者である中高生の意見を反映する仕組みをつくり、子どもたち自ら権利について話し合う、子ども会議を設けたいと考えています。

次に、ヤングケアラー対策です。将来を担う若者や子どもが介護に疲弊し、勉学を断念したり将来に夢や希望をもちえない状況を打開していきたいと考えています。このため、まずは杉並区内の実態がどうなっているのかを把握することが不可欠だと思っていますので、調査項目を整理したうえで、区独自の調査に着手し、調査結果を有効に活用することができるように取り組みを進めていきたいと考えています。

●誰もが暮らしやすい地域

2つ目は、「誰もが暮らしやすい地域をめざします」に関する取り組みです。

多様性は力である、という考え方に立てば、区においてパートナーシップ制度をつくっていくことは自然な流れだと思っています。都の制度が11月から始まりますが、7月1日現在で、先行してすでに220以上の自治体がパートナーシップ制度を導入し、人口カバー率は50％を超えている状況です。

私は、制度の創設に関する陳情が、区議会で採択されたこともふまえ、区民や当事者の方たちからのご意見をうかがいながら、杉並区版パートナーシップ制度の年度内の条例化をめざして準備を進めていきたいと考えています。その際に「生きづらさや困難を抱えるすべての人」を包摂できるよう、たとえば千葉市のようにパートナーシップ制度のなかで、事実婚も含めたパートナーの証明ができるよう、議論をしっかり行なっていきます。

私は杉並区を23区でいちばん自転車が乗りやすいまちにしたいと思っております。環境負荷がなく、まちを移動しやすい交通手段が自転車です。自転車通行空間の整備、自転車駐輪場の確保に積極的に取り組んでいく一方で、安全に自転車走行ができるよう、自転車ユーザーのモラル向上や走行ルールの周知などにも併せて取り組んでいきます。それから誰もが移動しやすいまちにしていくためには、地域の新しい公共交通の仕組みづくりもたいへん重要です。環境に優しい交通手段としてＭａａＳやグリーンスローモビリティといった次世代型の移動手段の導入をどのように進めていくのか、しっかりと検討していきたいと思います。

児童館をはじめとする施設再編整備については、選挙で主要な争点であったわけですが、計画ありきではなく、利用者をはじめとした幅広い区民や現場の職員の話を丁寧に聞き、これまでの取り組みをしっかり検証したうえで今後の進め方について検討したいと考えています。小学校をはじめとする多くの公共施設が建て替えの時期を迎えます。昨年3月に制定された区立施設長寿命化方針において示された、区立施設を可能なかぎり長寿命化させていくという考え方は、重要だと思います。建物は壊して新しくつくるのがいちばん簡単で効率的と思われがちですが、私は、まずもって直す選択肢を検討したいと思います。たとえば、既存建物の耐震性能を建物の軽量化や耐震補強によって現行法レベルまで向上させることができ、既存構造躯体の約80％を再利用しながら、建て替えの約60～70％のコストで、設備一新を行なう「再生建築」という建築手法がありますが、こうした建築手法の導入可能性を探ることなどを通じて、できるかぎり建物の再生と長寿命化を図り、持続可能なまち杉並をめざします。

区では、業務の効率化と区民サービスの向上の観点から、民間事業者等のノウハウが生かせる事業については、指定管理者制度などを通じて民間事業者などによるサービスの提供を進めてきました。この間、事業者のみなさんには、さまざまな工夫をこらしながら、運営をしていただいているものと承知しています。一方で、「公共政策」について研究してきた立場から申し上げると、全国的に民営化などの政策が進んでいますが、費用対効果など、その検証が必ずしも十分に進んでいるとは言えないと認識しています。こうした認識のもとに、選挙の際の公約に「新しいＰＦＩ事業を導入しないこと」「指定管理者制度による事業を丁寧に検証すること」を盛り込んだところです。

さっそく、指定管理を導入したサービスを中心に、利用者の視点、従事者の視点およびコストの視点に留意しながら、検証に向けた準備に着手したところです。今後、現状について、しっかりと調査、分析したうえで、新たな方針を打ち出していきたいと思います。

●対話

３つ目の柱は、「『対話』を大切にしたまちづくりを」です。

私の「聡子」という名前の漢字は、公の心に耳を傾ける、言いかえれば、人々の意見に耳を傾けると書きます。このことを実践していくために、まず私は、区民と私が直接対話することができる機会を、これまで以上にたくさんつくることを考えました。すでに9月3日に第1回を行ないましたが、区政を話し合う会を「聴っくオフ・ミーティング」と銘打ち、各回のテーマを定めて対話を行なっていきたいと考えています。今年度はあと3回、来年度以降は年間8回から10回くらい開催してまいります。また、対話のテーマについては、今後、区民の意見を募りたいと考えています。

阿佐ヶ谷駅北東地区のまちづくりは、防災性、安全性の向上など、地域の課題解決のために推進している重要な事業であると認識しております。しかし、このたびの選挙戦のなかで、本事業については、情報公開や合意形成のあり方など、さまざまな疑問や問題点があると指摘する区民の声を聴いてきました。

こうしたなかで、この事業の必要性は一定程度理解はするものの、課題もあると考えています。たとえば、私は公共事業にゼロカーボンの視点を入れることが重要だと思っていますので、環境への配慮や区民への情報発信のあり方などの課題について、土地区画整理事業の共同施行者である地権者、病院と丁寧な意見交換を行ない、その進め方について検討を行なっていきたいと考えております。区が所有している土地はすべての区民のものだ、という認識に立つなら、これに関連する決定には透明性が必要です。そして計画全体ができるだけ多くの区民から支持され、長きにわたって愛されるものにしたいと思います。阿佐ヶ谷駅北東地区は、区民から注目され関心が高い事業であり、透明性を高め、より開かれた事業を推進することによって、区民に開かれた新しい都市開発の起点となりうると信じています。

現在進行形の都市計画道路事業のうち、特に、西荻窪の補助132号線は、今回の区長選挙でも大きな争点となったことでもあり、住民意見を丁寧に聞き取り、対話を重ねつつ、検討していきます。高円寺の都市計画道路補助221号線も同様です。

都市計画道路補助133号線、成田東区間は、「東京における都市計画道路の整備方針」において、東京都が優先整備路線に選定し、事業着手に向けて、手続きが進められていることは承知しています。この路線については、防災性や地域交通の安全性向上のために必要と聞いていますが、地域にお住まいの方からは、整備にともなう住環境の変化を懸念する声も届いています。現時点で、延伸計画の是非を明言することはできませんが、今後広く住民の声を聞くとともに、東京都とも調整したうえで、区として考えをまとめてまいります。

都市計画道路事業については、秋以降、まちづくり全体のなかで道路を考える一連の参加型ワークショップと公開シンポジウムを開催するとともに、さらには子どもや大学生など、年代層を絞った対話の場も設け、その場には私自身も参加したうえで、多くの区民と課題を共有し、対話を通じて議論を深めてまいります。

区立施設の使用料については、区民からいろいろな意見を聴いてきました。区立施設は区民全員の財産ですので、「区民が気軽にいつでも使える」という原則に立ち、使用料の検討を行ないたいと考えております。その際には、周辺区との均衡なども必要だと考えておりますので、施設使用料の比較なども行なったうえで、見直すべき内容がないのか、今年度行なう予定の施設使用料の検証に合わせてしっかり検討していくこととします。

それから、少し先の話になるかもしれませんが、先進的な区政を進めていくためには、区独自のいわゆるシンクタンク、研究機関も必要なのではないかと考えています。ただ、私はその際のキーワードもやはり住民参加、対話だと思っています。自治の推進という観点に立って、住民や区職員、区内の教育機関などが参画しながら、地方自治や都市問題の専門家とのコラボレーションによって、杉並区政の課題を解決する「市民政策研究所」の設立に向けた検討を行なっていきます。

●環境と文化

4つ目の柱は、「豊かな環境と平和を守り文化を育てます」です。

気候変動対策を進め、ゼロカーボンシティをめざすためには、区民の参画は不可欠です。無作為抽出の区民が専門家の力を借りて直接的に政策をつくる「気候市民会議」の取り組みは国内外で注目されています。私は、杉並区でも、区民一人ひとりが、気候変動対策に参画するための仕組みとして、この「気候市民会議」の立ち上げが有効ではないかと考えており、本区においても、その実現に向けた検討を開始します。

また、今年の4月からスタートした実行計画のなかに、遊休区有地を活用した太陽光発電事業の調査、研究という取り組みがあります。私は、この取り組みは、遠隔の区有地で発電した再生可能エネルギーを、都市部の杉並区内で消費するという点が、区民だけでなく、国内外へのメッセージ性が高い取り組みとして重要だと思っています。早期の実現に向け、具体的な取り組みを進めていきます。

その他、ゼロカーボンシティの実現に向けた区内のCO_2排出量の目標値を明確に掲げ、それをクリアするためのＺＥＢ、すなわちネットゼロエネルギービルの推進や、建築、解体工事で発生するCO_2の量の見える化などといった方向性を広く関係者と共有し、進めていくことが重要と考えています。

区制施行90周年記念事業については、杉並の歴史と文化を共有し後世に伝え、１００周年につなげていく事業は重視する一方で、コロナ感染症の収束が見えないなかで、大規模なイベントにかける経費は縮減するなど、予算の効率的な執行に努めていきたいと考えています。

●命と暮らし

「区民のいのち・くらしを大切に」が5番目の柱です。

現在、物価高による生活への打撃、猛暑、そして東京での新型コロナ感染者急増という3つの課題のなかで、区民の暮らしや、健康への懸念が高まっています。コロナ禍で生活が苦しくなった区民・事業者を支えることが喫緊の課題です。逼迫する医療現場、ケアセクターで働く人たちを支え、守らなければなりません。国の地方創生臨時交付金を迅速、効果的に使った支援をしていきたいと考えます。

私は、長引くコロナ禍への対応として、さらなる保健所体制の強化が必要だと考えています。コロナ前までは、全国的に保健所を中心とした公衆衛生体制は縮小されてきたと理解しておりますが、杉並区においては、コロナ禍の只中で、いち早く保健所の人員の強化を行ないました。このことを高く評価しています。感染症は一時的対策ではなく、息の長い取り組みが必要ですので、今後も、状況に応じて専門職を増やして保健所の体制強化を図っていきます。

基本構想が掲げる「みどり豊かな 住まいのみやこ」という将来のまちの姿の実現に向けては、住宅施策の充実が欠かせません。このテーマについては年代層や家族形態ごとに求められる居住条件やニーズが異なりますので、具体的な手法については、家賃助成制度の創設も含め、幅広い検討を行なっていきたいと考えています。

また、集合住宅、賃貸住宅を含め、住宅の耐震化、不燃化、断熱化を推進することは、一義的に防災に寄与するだけでなく、低所得世帯の光熱費の負担の軽減にもエネルギー使用の削減にも、そして地域にグリーンジョブ、環境関連の仕事をつくる経済政策としても有効な、一石四鳥の現代的な政策だと信じています。これについては知恵と経験を結集し、庁内一丸となって取り組みます。

基本構想にも記された、人生100年時代を自分らしく健やかに生きることができるまちをつくっていくためには、社会全体でご高齢の方たちを支えていくための仕組みづくりが欠かせません。私は、選挙戦を通じて、高井戸にある社会福祉法人浴風会内に設置されている認知症介護研究・研修センターでのすばらしい実践を目の当たりにしてきました。

認知症介護研究・研修センターは、平成13年度に、国が認知症介護の研究・研修組織として全国に3カ所設置したものです。つまり、全国に3カ所しかないわけであり、この施設が杉並区内に所在していることは、区にとってたいへん大きなメリットがあると言えます。認知症ケアは地域の連携と支えが不可欠であり、私は、この有意な施設と区が有機的な連携を深めることで、認知症ケアについての新たな機軸を築き、区の認知症ケアをいっそう向上させていきたいと考えております。

すべての区民の命と暮らしを守るという視点から、障害者の自立支援と社会参加をさらに進めていくことは不可欠であると考えます。各部からの説明のなかで、区がこれまで行なってきた障害者施策に関するすばらしい取り組みをいくつも学ぶことができました。特に、障害者スポーツをさらに深く浸透させていくために、区内の障害当事者や障害者団体とネットワークを構築し、意見交換を積み重ねながら進めている、区立体育館での障害者スポーツの拠点づくりをはじめ、障害があっても生き生きと活躍できる地域社会を、障害当事者の参画のもとでつくっていきたいと考えています。

●透明性

最後の柱が「透明性のある区政をつくります」です。

情報公開制度は区民の知る権利を保障する要です。情報の非開示の基準の明確化や14日以内と定められた開示期限の遅れの発生など、区民や議員から問題が指摘されていると理解しています。非開示決定の場合には、その理由や考え方について説明を尽くすこと、また、開示期限については14日以内が原則であることをあらためて徹底し、区長として責任をもって対応します。

情報公開、説明責任ナンバーワンをめざす私の区政にとって、まずは自らの区長としての行動記録をガラス張りにすることから始めたいと考えています。

これまでは区長の行動記録は、内容によっては非公開になっておりましたが、私はそれを変えたいと思います。

具体的な公表方法については、これから詰めていきますが、区長の公務として、私が、いつ、どこで、誰とお会いしたのかという記録は、すべて公表するようにいたします。

過去の区政においていったんルール化され、前区長在任中に廃止された、いわゆる「多選自粛条例」について、私は、首長への権力の集中、固定化を防ぐ観点から、あらためてその導入について考えを深めていきたいと思っています。ただ、この条例の制定時、また廃止時にも、区民からいろいろな意見があったと聞いておりますので、他の自治体の状況も見ながら、今後、検討を行なっていきます。

特別区長の退職手当の額を議員のみなさまはご存知でしょうか。各区によってその額は異なりますが、杉並区の場合、4年間勤続すると2003万円。これは、23区のなかで中位ではありますが、最も少ない中野区や都内26市の平均額である1461万円より約500万円高い額です。私自身の退職手当については、少なくとも中野区や都内26市と同程度の水準に下げるべきと考えていますので、今回の定例会に、私の任期に限って退職手当を減額する、区長の退職手当の特例を定める条例案を提出することにいたしました。

なお、今回の第3回区議会定例会には、先ほどお話しした、地方創生臨時交付金の活用を含めた、補正予算案をご提案させていただきます。その内容としては、物価高騰から区民生活を守る対策として、区民税均等割のみが課税されている世帯への区独自の給付金、学校給食費値上げ分の保護者負担の解消、区内商店と区民生活の支援のためのプレミアム付き商品券の発行、中小企業への融資の拡充と信用保証料の全額補助などの事業が含まれています。

また、これ以外にも文化、芸術への支援の拡充など、緊急に対応すべき内容への手当として補正予算を編成したところです。議会での活発なご議論を、よろしくお願いいたします。

むすびに

議員、区民、職員のみなさんには、区長に対してクリティカルでありつづけてほしいと思っています。クリティカルを日本語にすると「批判的」ですが、クリティカルにはもっと多面的な意味があります。日本語ではクリティカル・シンキング、「批判的思考」というほうが使われるようで、大辞泉には「物事や情報を無批判に受け入れるのではなく、多様な角度から検討し、論理的・客観的に理解すること」と記述されています。

クリティカルに考えたうえで、場合によっては力を合わせ、場合によっては別の方法を提案する。こういう一連の行動が議会でも区役所でも普通に行なえるようにしていきたいと思います。もちろん、仕事の現場から、区長である私に対しても忌憚なく言えるようにしていく。こうした組織風土を築いていくことが、杉並区をさらに発展させていく原動力になると考えています。

社会のありようは大きく変化しています。私たちは力を合わせて、この難局を乗り越えていかなくてはなりません。杉並区民の命と暮らしを守る。真に区民のための政治そして区民のための行政を行なう。さらにより良い地域を、区民や議員のみなさんと一緒に創り上げていく。これらの大きなミッションは、政党やさまざまな置かれた立場を超えて私たちは共有しているものだと信じています。この大きな命題を実現するための道筋には、多様なアプローチがあり、それについては、議会の場で活発に議論をして、切磋琢磨し、また、試行錯誤を重ねながら、より良い方向性を見出していきましょう。

私が実現したいことは決してラディカルな大きな変革ではありません。地域経済を守り、働く人を守り、多くの区民を幸せにするための着実な取り組みを見出し、実行していくことです。あらためて、質の高い議論をみなさんと行なっていくことができるよう誠意をもって、そして、全力を尽くして一日一日働いてまいる所存です。

議員のみなさんの特段のご理解とご協力をよろしくお願いいたします。

資料2

杉並区自治基本条例

2002（平成14）年　杉並区条例第47号
2002（平成14）年12月3日公布
改正2009（平成21）年12月8日杉並区条例40号

地方自治とは、本来、そこに住み、暮らす住民のためにあるものであり、地域のことは、住民自らが責任を持って決めていくことが、自治の基本である。自治体としての杉並区には、区民の信託にこたえ、区民との協働により、地域の資源や個性を生かした豊かできめ細かな区政を行う責務がある。そうした責務を果たし、杉並区が真に自立した地方自治体となっていくためには、地方政府としての枠組みと、住民の行政への参画及び行政と住民との協働の仕組みを自ら定めることが求められている。

武蔵野の面影を残すみどりと水辺、歴史の中で形作られた道や街並み、そして、そこに住み、暮らす区民の活発な住民活動と住民自治への先進的な取組などは、杉並区の誇るべき財産である。

私たち区民は、このような「杉並らしさ」を大切にしながら、杉並らしい自治を築いていくことを宣言する。そして、区民主権に基づく住民自治の更なる進展のために、最大限の努力を払い、区民一人ひとりの人権が尊重され、誇りを持って区政に参画し、協働する「自治のまち」を創っていくことを目指し、ここにこの条例を制定する。

第1章　総則

（目的）

第1条　この条例は、杉並区（以下「区」という。）における自治の基本理念を明らかにするとともに、区民の権利及び義務、事業者の権利及び義務、区政運営の基本原則並びに区民及び事業者（以下「区民等」という。）の区政への参画及び協働の仕組みに関する基本となる事項を定めることにより、自立した自治体にふさわしい自治の実現を図ることを目的とする。

（定義）

第2条　この条例において、次の各号に掲げる用語の意義は、それぞれ当該各号に定めるところによる。

（1）区民　区内に住み、働き、又は学ぶ人をいう。
（2）事業者　区内において、事業活動を行うものをいう。
（3）参画　政策の立案から実施及び評価に至るまでの過程に主体的に参加し、意思決定に関わることをいう。
（4）協働　地域社会の課題の解決を図るため、それぞれの自覚と責任の下に、その立場や特性を尊重し、協力して取り組むことをいう。

第2章　基本理念

第3条　区民等及び区は、一人ひとりの人権が尊重され、人と自然と都市の活力が調和した住みよいまち杉並を、協働により創っていくことを目指すものとする。

2　前項の目的を達成するために、区民等及び区は、区政に関する情報を共有し、主権者である区民が、自らの判断と責任の下に、区政に参画することができる住民自治の実現を目指すものとする。

第3章　区民の権利及び義務

（区民の権利）

第4条　区民は、区政に参画する権利及び区政に関する情報を知る権利を有する。

2　区民は、地方自治法（昭和22年法律第67号）で定めるところにより、行政サービスを等しく受ける権利、選挙権、被選挙権、条例の制定改廃請求権、事務の監査請求権、議会の解散請求権並びに議員及び長等の解職請求権等を有するほか、第27条で定める住民投票を請求する権利を有する。

（区民の義務）

第5条　区民は、行政サービスに伴う納税等の負担を分任する義務を果たすとともに、区と協働し、地域社会の発展に寄与するよう努めるものとする。

第4章　事業者の権利及び義務

第6条　事業者は、第4条第1項に規定する権利を有し、地域社会の一員として、前条に規定する負担を分任する義務を果たすとともに、住環境に配慮し、地域社会との調和を図り、安心して住めるまちづくりに寄与するよう努めるものとする。

第5章　区の責務

第7条　区は、区政運営に当たっては、区民等の福祉の増進を図るとともに、最少の経費で最大の効果を挙げるよう努めなければならない。
2　区は、区民ニーズに的確に対応し、行政サービスへの区民等の満足度を高める区政運営に努めなければならない。
3　区は、様々な災害等から区民の生命、身体及び財産を保護するため、危機管理の体制の強化に努めなければならない。

第6章　区議会

（区議会の役割及び権限）
第8条　区議会は、地方自治法で定めるところにより、区民の直接選挙により選ばれた代表者である議員によって構成される意思決定機関であるとともに、執行機関の区政運営を監視し、及び牽制する役割を果たすものとする。

2　区議会は、地方自治法で定めるところにより、条例の制定改廃、予算、決算の認定等を議決する権限並びに執行機関に対する検査及び監査の請求等の権限を有する。

（区議会の責務）

第9条　区議会は、区政の発展及び区民生活の向上のため、前条に規定する権限等を行使するとともに、区民等の多様な意見の反映を図り、もって自由かつ活発な討議をし、常に効果的かつ効率的な議会運営に努めなければならない。

2　区議会は、別に条例で定めるところにより、区議会が保有する情報を公開するとともに、会議の公開及び情報提供の充実により、区民等との情報の共有を図り、区民等に対する説明責任を果たし、開かれた議会運営に努めなければならない。

（区議会議員及び区議会議長の責務）

第10条　区議会議員は、区民の信託にこたえ、区議会が前2条に規定する責務等を果たすため、積極的な調査研究活動を通じ、審議能力及び政策立案能力の向上に努めなければならない。

2　区議会議員は、政治倫理の確立に努め、誠実に職務を遂行しなければならない。

3　区議会議長は、区議会を代表し、公正かつ中立に職務を遂行するとともに、区議会事務局の職員を適切に指揮監督し、事務局機能の充実に努めなければならない。

第7章　執行機関

（執行機関に関する基本的事項）

第11条　執行機関は、条例、予算その他の区議会の議決に基づく事務及び法令等に基づく事務を、自らの判断と責任において、誠実に管理し、及び執行しなければならない。

（区長の責務等）

第12条　区長は、区を代表し、地方自治法で定めるところにより、区議会への議案の提出、予算の調製及び特別区税の賦課徴収等の事務を管理し、及び執行する権限を有する。

2　区長は、区民の信託にこたえ、区の事務の管理及び執行に当たっては、誠実に職務遂行に努めなければならない。

3　区長は、区の職員を適切に指揮監督するとともに、区政の課題に的確にこたえることができる知識と能力を持った人材の育成を図り、効率的な組織運営に努めなければならない。

（執行機関の組織及び職員）

第13条　区は、執行機関を構成する組織について、効率的かつ機動的なものとなるよう、常に見直しに努めなければならない。
2　区の職員は、全体の奉仕者として、区民本位の立場に立ち、区民等との協働の視点を持って、全力を挙げて職務遂行に努めなければならない。

第8章 区政運営

（基本構想等）
第14条　区は、地方自治法で定めるところにより、区議会の議決を経て、区政運営の指針となる基本構想を定めるとともに、その実現を図るため基本計画等を策定し、総合的かつ計画的な区政運営に努めるものとする。
2　区は、前項に規定する基本計画等のうち主要なものについて、目標に対する進捗状況の管理を行うとともに、毎年度1回、当該進捗状況を区議会に報告し、かつ、公表しなければならない。

（総合的な行政サービスの提供）
第15条　区は、区民ニーズに的確かつ柔軟に対応するため、組織横断的な調整を図り、総合的な行政サービスの提供に努めなければならない。

（行政手続）
第16条　区は、区政運営における公正の確保と透明性の向上を図り、区民等の権利利益の保護に資するため、別に条例で定めるところにより、行政手続に関し共通する事項を定めなければならない。

（情報の公開及び提供）
第17条　区は、区民等の知る権利を保障し、公正で開かれた区政の進展を図るため、別に条例で定めるところにより、区政に関する情報を積極的に区民等に公開し、提供することにより、区民等との情報の共有に努めなければならない。

（個人情報の保護）
第18条　区は、区民の基本的人権の擁護と信頼される区政の実現を図るため、別に条例で定めるところにより、自己に関する個人情報の閲覧等を求める区民の権利を保障する等、個人情報の保護に努めなければならない。

（説明責任）
第19条　区は、政策の立案から実施及び評価に至るまでの過程において、区政について区民等に分かりやすく説明する責任を果たすよう努めなければならない。

（区民等の要望の取扱い）

第20条　区は、区民等の区政に関する要望等を迅速かつ誠実に処理し、区民等の権利利益の保護に努めなければならない。

（行政評価）

第21条　区は、政策等の成果及び達成度を明らかにし、効率的かつ効果的な区政運営を行うため、行政評価を実施し、その結果を公表するものとする。

（財政運営の原則）

第22条　区は、財源を効率的かつ効果的に活用し、自主的かつ自律的な財政運営を行うことにより、財政の健全性の確保に努めなければならない。

（財政状況の公表）

第23条　区は、区民等に分かりやすく財政状況を説明するため、地方自治法及び地方公共団体の財政の健全化に関する法律（平成19年法律第94号）並びに別に条例で定めるところにより財政状況を公表するとともに、貸借対照表、行政コスト計算書その他の財務に関する資料を作成し、公表しなければならない。

（区税等の賦課徴収）
第24条　区は、地方税法（昭和25年法律第226号）及び杉並区特別区税条例（昭和39年杉並区条例第41号）で定めるところにより、特別区税を賦課徴収するほか、法律及び条例に基づき、使用料その他の徴収金を賦課徴収するものとする。

第9章　参画及び協働

（参画及び協働の原則）
第25条　区は、区民等の意思が区政に反映されるよう、区民等の区政への参画機会の拡充に努めなければならない。
2　区民等及び区は、協働に当たり、対等協力の原則に基づき、目的及び情報を共有し、相互理解と信頼関係を築くよう努めるとともに、区は、区民等の自主性及び自立性を尊重しなければならない。

（住民投票）

第26条　区長は、区政の重要事項について、広く区民の総意を把握するため、区議会の議決を経て、当該議決による条例で定めるところにより、住民投票を実施することができる。

2　前項の条例において、投票に付すべき事項、投票の手続、投票資格要件その他住民投票の実施に関し必要な事項を定めるものとする。

（住民投票の請求及び発議）

第27条　区に住所を有する年齢満18年以上の規則で定める者は、規則で定めるところにより区政の重要事項について、その総数の50分の1以上の者の連署をもって、その代表者から区長に対して住民投票を請求することができる。

2　区議会の議員は、区政の重要事項について、議員の定数の12分の1以上の者の賛成を得て住民投票を発議することができる。

3　区長は、区政の重要事項について、自ら住民投票を発議することができる。

4　第1項の規定による住民投票の請求の処置等に関しては、地方自治法第74条第2項から第8項まで、第74条の2第1項から第6項まで及び第74条の3第1項から第3項までの規定の例によるものとする。

（政策等に係る区民等の意見提出手続）
第28条　区は、区民等の区政への参画及び協働を推進するとともに、区政運営における公正の確保と透明性の向上を図り、住民自治の更なる進展及び区民等の権利利益の保護に資するため、別に条例で定めるところにより、重要な政策及び計画の策定に当たり、事前に案を公表し、区民等の意見を聴くとともに、提出された区民等の意見に対する区の考え方を公表しなければならない。

（附属機関等への参加）
第29条　区は、附属機関等の委員への区民等の参加に努めなければならない。

第10章　国及び他の地方公共団体との協力

第30条　区は、共通する課題を解決するため、国、東京都及び関係地方公共団体と相互に連携を図りながら協力するよう努めるものとする。

第11章　条例の位置付け

第31条　この条例は、区政の基本事項について、区が定める最高規範であり、区は、他の条例、規則等の制定改廃に当たっては、この条例の趣旨を尊重し、整合性を図らなければならない。

2　区は、この条例の規定の実施状況、社会経済情勢の変化等を勘案し、一定期間ごとに、この条例の内容について検討を加え、必要な見直しを行うものとする。

第12章　委任

第32条　この条例の施行に関し必要な事項は、規則で定める。

附則

この条例は、平成15年5月1日から施行する。

附則

この条例は、平成22年4月1日から施行する。

杉並区自治基本条例に付する付帯決議

２００２（平成14）年11月29日議決

本条例の施行に当たり、杉並区長は、次の諸点について誠意をもって対処すべきである。

1. 本条例の杉並区における住民自治発展の基盤としての重要性に鑑み、本条例の趣旨、内容について、区民の十分な理解が得られるよう周知徹底に努めること。
2. 区が定める最高規範である本条例の趣旨との整合性を図るため、新たに条例等を制定するに当たっては本条例の趣旨を最大限尊重するとともに、既に制定してある条例等についても早急に見直しを進めること。
3. 本条例は、全く新たな自治立法の試みであることから、条例施行後一定期間の施行状況等を勘案し、検討のうえ、その結果に基づいて必要な措置を講ずること。

ソシアル サトコズ
SOCIAL SATOKOS

岸本聡子後援会「ソシアルサトコズ」のご案内

岸本聡子の政治活動は、皆様からの「後援会費」と「寄付」によってのみ支えられています。ソシアルサトコズは参加してくださる皆さんがお互いにエンパワーし合える「ひろば」です。地域のこと、政治のこと、ありたい社会の姿……ぜひ仲間になっていっしょに考え、話し合い、活動をつくっていきましょう。全国どこからでもご入会いただけます。

■詳細・入会申込
https://www.kishimotosatoko.net/kouenkai

■会員コース（年会費）
けやき：10,000円／さざんか：5,000円／あすなろ：1,000円

■会員になると……
●年３回、ニュースレターを郵送でお送りします。
●月１～２回、メールマガジンをお送りします。
●ソシアルサトコズ主催の講演会・イベントなど各種ご案内を差し上げます。

ソシアルサトコズ（岸本聡子後援会）

〒167-0042 東京都杉並区西荻北4-4-4 コーポ三益305　岸本聡子事務所
TEL&FAX：03-6762-7694　　E-mail：office@kishimotosatoko.net
ウェブサイト：https://www.kishimotosatoko.net/

岸本聡子（きしもと・さとこ）
東京都杉並区長。公共政策研究者。1974年東京生まれ。20代で渡欧しアムステルダムを本拠地とする政策シンクタンク「トランスナショナル研究所」に所属。新自由主義や市場原理主義に対抗する公共サービスのリサーチ、市民運動と自治体をつなぐコーディネイトに従事。2022年6月の杉並区長選挙で現職を破り勝利、初の女性区長となる。著書に『地域主権という希望』（大月書店）、『私がつかんだコモンと民主主義』（晶文社）、『水道、再び公営化！』（集英社新書）ほか。

杉並は止まらない

2024年11月8日――初版第1刷発行

著者…………………岸本《きしもと》聡子《さとこ》

発行者………………熊谷伸一郎

発行所………………地平社
〒101-0051
東京都千代田区神田神保町1丁目32番 白石ビル2階
電話：03-6260-5480（代）
FAX：03-6260-5482
www.chiheisha.co.jp

デザイン……………赤崎正一＋赤崎さ千を

印刷製本……………中央精版印刷

ISBN978-4-911256-10-7 C0036

地平社

内田聖子 著

デジタル・デモクラシー

ビッグ・テックを包囲するグローバル市民社会

四六判二六四頁／本体二〇〇〇円

東海林 智 著

ルポ 低賃金

四六判二四〇頁／本体一八〇〇円